해커스 주택관리사

주택관리사 1위 해커스
한경비즈니스 선정 2020 한국품질만족도 교육(온·오프라인 주택관리사) 부문 1위 해커스

해커스 주택관리사 1차 핵심요약집 공동주택시설개론

핵심요약 단과강의 20% 할인쿠폰

CA6FDFBBDB7B2825

해커스 주택관리사 사이트(house.Hackers.com)에 접속 후 로그인
▶ [나의 강의실 – 결제관리 – 쿠폰 확인] ▶ 본 쿠폰에 기재된 쿠폰번호 입력

1. 본 쿠폰은 해커스 주택관리사 동영상 강의 사이트 내 2026년도 핵심요약 단과강의 결제 시 사용 가능합니다.
2. 본 쿠폰은 1회에 한해 등록 가능하며, 다른 할인수단과 중복 사용 불가합니다.
3. 쿠폰사용기한: **2026년 9월 30일**(등록 후 7일 동안 사용가능)

무료 온라인 전국 실전모의고사 응시방법

해커스 주택관리사 사이트(house.Hackers.com)에 접속 후 로그인
▶ [수강신청 – 전국 실전모의고사] ▶ 무료 온라인 모의고사 신청

* 기타 쿠폰 사용과 관련된 문의는 해커스 주택관리사 동영상강의 고객센터(1588-2332)로 연락하여 주시기 바랍니다.

해커스 주택관리사 인터넷 강의 & 직영학원

인터넷 강의
1588-2332
house.Hackers.com

강남학원
02-597-9000
2호선 강남역 9번 출구

[강남서초교육지원청 제10319호 해커스 공인중개사·주택관리사학원] | 교습과목, 교습비 등 자세한 내용은 https://house.hackers.com/gangnam/에서 확인하실 수 있습니다.

해커스 주택관리사

주택관리사 1위 해커스
한경비즈니스 선정 2020 한국품질만족도 교육(온·오프라인 주택관리사) 부문 1위 해커스

합격을 만드는
2026 해커스 주택관리사 교재

입문서 시리즈 (2종)
- 기초용어 완벽 정리
- 쉽고 빠른 기초이론 학습

기본서 시리즈 (5종)
- 10개년 기출 분석으로 출제 포인트 예측
- 기본기를 탄탄하게 다지는 학습구성

출제예상문제집 시리즈 (5종)
- 최신 개정법령 및 출제경향 반영
- 핵심정리와 문제풀이를 한번에 잡는 실전서

핵심요약집 시리즈 (5종)
- 시험에 나오는 핵심만 압축 요약
- 최단시간, 최대효과의 7일완성 필수이론

기출문제집 시리즈 (5종)
- 최신 기출문제 유형 완벽 분석
- 쉽게 이해되는 상세한 해설 수록

체계도 (1종)
- 주택관리관계법규의 안내 표지판 역할
- 학습노트 및 최종 핵심정리 교재

1위 해커스의
모든 노하우를 담은 합격 커리큘럼

한경비즈니스 선정 2020 한국품질만족도 교육(온·오프라인 주택관리사) 부문 1위 해커스

STEP 1 기초용어 및 과목 특성파악 — 입문이론

STEP 2 과목별 기본개념 정립 — 기본이론 / 입문이론

STEP 3 과목별 이론완성 — 심화이론 / 기본이론 / 입문이론

STEP 4 핵심포인트 압축 요약정리 — 문제풀이 / 심화이론 / 기본이론 / 입문이론

STEP 5 고득점을 위한 다양한 유형학습 — 핵심요약 / 문제풀이 / 심화이론 / 기본이론 / 입문이론

STEP 6 실전 대비로 합격 마무리! — 동형모의고사 / 핵심요약 / 문제풀이 / 심화이론 / 기본이론 / 입문이론

합격

해커스 주택관리사 **온라인서점 바로가기 ▶**

1588.2332　　　　　　　　　　　　　　　　　　　　　　　**house.Hackers.com**

해커스 주택관리사

주택관리사 1위 해커스
한경비즈니스 선정 2020 한국품질만족도 교육(온·오프라인 주택관리사) 부문 1위 해커스

수많은 합격생들이 증명하는
해커스 스타 교수진

관리실무	관계법규	관계법규	회계원리	민법	민법	시설개론	시설개론	회계원리	관리실무
김성환	한종민	조민수	강양구	민희열	정동섭	이강일	김건일	서상호	노병귀

주택관리사를 준비하시는 분들은 해커스 인강과 함께 하면 반드시 합격합니다.
작년에 시험을 준비할 때 타사로 시작했는데 강의 내용이 어려워서 지인 추천을
받아 해커스 인강으로 바꾸고 합격했습니다. 해커스 교수님들은 모두 강의 실력이
1타 수준이기에 해커스로 시작하시는 것을 강력히 추천합니다.

합격생 송*섭 님

해커스를 통해 공인중개사 합격 후, 주택관리사에도 도전하여 합격했습니다.
환급반을 선택한 게 동기부여가 되었고, 1년 만에 동차합격과 함께 환급도 받았습니다.
해커스 커리큘럼을 충실하게 따라서 공부하니 동차합격할 수 있었고,
다른 분들도 해커스커리큘럼만 따라 학습하시면 충분히 합격할 수 있을 거라
생각합니다.

합격생 송*성 님

해커스 주택관리사

주택관리사 1위 해커스
한경비즈니스 선정 2020 한국품질만족도 교육(온·오프라인 주택관리사) 부문 1위 해커스

오직, 해커스 회원에게만 제공되는
6가지 무료혜택!

전과목 강의 0원

스타 교수진의 최신강의
100% 무료 수강
* 7일간 제공

합격에 꼭 필요한 교재 무료배포

최종합격에 꼭 필요한
다양한 무료배포 이벤트
* 비매품

기출문제 해설특강

시험 전 반드시 봐야 할
기출문제 해설강의 무료

온라인 전국모의고사 8회분 무료
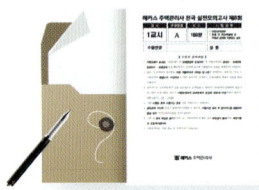
실전모의고사 8회와
해설강의까지 무료 제공

개정법령 업데이트 서비스
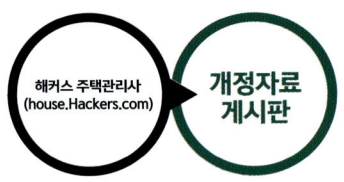
계속되는 법령 개정도
끝까지 책임지는 해커스!

무료 합격전략 설명회

한 번에 합격을 위한
해커스의 합격노하우 무료 공개

주택관리사 1위 해커스
지금 무료가입하고 이 모든 혜택 받기

1588.2332　　　　　　　　　　　house.Hackers.com

해커스 주택관리사

7일완성 핵심요약집

1차 공동주택시설개론

이강일

약력
현| 해커스 주택관리사 회계원리 대표강사
　　해커스 주택관리사 회계원리 동영상강의 대표강사
　　(사)한국외대 주택관리학과 공동주택시설개론 겸임교수
　　집합건물관리사 진흥원 전임교수

전| 에듀윌 공동주택시설개론 강사 역임

저서
주택관리사 기본서 공동주택시설개론, 에듀윌, 2025
건축직 공무원 9급, 에듀피디, 2025
건축기사, 에듀피디, 2025
집합건물관리사, 이테시스, 2025
주거복지사, 이테시스, 2025
주택관리사 1차 기초입문서(공동주택시설개론), 해커스패스, 2026
주택관리사 1차 기본서 공동주택시설개론, 해커스패스, 2026
주택관리사 1차 핵심요약집 공동주택시설개론, 해커스패스, 2026
주택관리사 1차 기출문제집 공동주택시설개론, 해커스패스, 2026

2026 해커스 주택관리사 1차 7일완성 핵심요약집
공동주택시설개론

초판 1쇄 발행	2026년 1월 5일

지은이	이강일, 해커스 주택관리사시험 연구소
펴낸곳	해커스패스
펴낸이	해커스 주택관리사 출판팀

주소	서울시 강남구 강남대로 428 해커스 주택관리사
고객센터	1588-2332
교재 관련 문의	house@pass.com
	해커스 주택관리사 사이트(house.Hackers.com) 1:1 수강생 상담
학원강의 및 동영상강의	house.Hackers.com

ISBN	979-11-7404-682-6 (13540)
Serial Number	01-01-01

저작권자 © 2026, 해커스 주택관리사
이 책의 모든 내용, 이미지, 디자인, 편집 형태는 저작권법에 의해 보호받고 있습니다.
서면에 의한 저자와 출판사의 허락 없이 내용의 일부 혹은 전부를 인용, 발췌하거나 복제, 배포할 수 없습니다.

주택관리사 시험 전문,
해커스 주택관리사 house.Hackers.com

해커스 주택관리사

- 해커스 주택관리사학원 및 인터넷강의
- 해커스 주택관리사 무료 온라인 전국 실전모의고사
- 해커스 주택관리사 무료 학습자료 및 필수 합격정보 제공
- 해커스 주택관리사 핵심요약 단과강의 20% 할인쿠폰 수록

서문

최적의 전략으로 합격까지 한 번에!

주택관리사(보)를 준비하는 모든 수험생들의 공통된 하소연은 내용이 너무 방대하고, 어렵다는 것입니다. 여러 해 강의를 하다 보니 수험생들의 대다수가 시험빈도가 낮은 내용까지도 모두 머릿속에 넣겠다는 필승의 집념으로 학습하는 모습을 자주 보게 되는데, 이런 방법은 전혀 도움이 되지 않습니다.
어느 부분이 시험에 자주 출제되는지, 중요한 내용이 어떤 내용인지, 어떤 내용을 이해하고 정리해야 하는지를 안다면 학습의 효율성은 최상이 될 것입니다.
본 교재는 기본서를 학습한 후에 실제로 출제될 수 있는 중요 내용 및 꼭 알아두어야 할 내용 등을 정리하였습니다.

1. '개념'과 '이해'를 학습하는 데 주안점을 두어야 합니다.

객관식 시험에서의 성패는 개념을 이해하는지에 달려 있습니다. 기본서를 통해 기본개념을 이해하고 강의를 반복적으로 수강하면서 중요한 내용을 요약·정리한 요약집을 효율적으로 활용하여 학습한다면 개념의 이해가 조금 더 쉬울 것입니다.

2. 반드시 '실물', '사진', '그림' 등을 통해 유형을 파악하여야 합니다.

공동주택시설개론은 실제 공동주택을 건축할 때 사용되는 구조물이나 기계설비를 다루는 과목입니다. 평소 주변의 구조물이나 기계설비를 눈여겨보는 것도 좋지만, 그렇지 못할 경우에는 사진과 그림을 최대한 자주 눈에 익혀 두어야 문제의 유형이 쉽게 이해됩니다. 본서는 가능한 한 사진과 그림을 많이 넣어 시각적인 학습의 효율성을 높였습니다.

3. 정리와 반복이 중요합니다.

많은 학습량은 어느 순간 검은 먹지처럼 모든 내용이 생각나지 않습니다. 그렇기 때문에 최선의 학습은 자주 보고, 내가 할 수 있는 최소의 양만을 남겨두고 학습하는 것입니다. 즉, 출제가 예상되는 내용만을 위주로 학습하고, 그 내용을 잊지 않기 위해 정리를 해야 합니다. 이런 점에서 요약집의 핵심내용을 요약·정리하고 반복 학습하여 자주 읽어만 주셔도 크게 도움이 됩니다.

더불어 주택관리사 시험 전문 해커스 주택관리사(house.Hackers.com)에서 학원강의나 인터넷 동영상 강의를 함께 이용하여 꾸준히 공부한다면 그 학습효과는 극대화될 것입니다.
모쪼록 이 책이 주택관리사(보)를 준비하는 모든 수험생들에게 어렵고 긴 여정을 지혜롭고 슬기롭게 헤쳐나가는 데 도움이 되기를 바라며, 모든 수험생들에게 좋은 결과 있기를 기원합니다.

2025년 11월
이강일, 해커스 주택관리사시험 연구소

목차

학습플랜	5	주택관리사(보) 시험안내	8
이 책의 구성	6	출제경향분석	10

제1편 건축구조

제1장 건축구조 총론	14
제2장 기초구조	18
제3장 조적구조	21
제4장 철근콘크리트구조	25
제5장 철골(강)구조	34
제6장 지붕공사	39
제7장 방수 및 방습공사	41
제8장 수장공사	45
제9장 창호 및 유리공사	46
제10장 미장 및 타일공사	50
제11장 도장공사 및 적산	53

제2편 건축설비

제1장 급수설비	58
제2장 급탕설비	63
제3장 난방설비	66
제4장 배수 및 통기설비	72
제5장 위생기구 및 배관설비	77
제6장 오수·정화설비	81
제7장 가스설비	83
제8장 소방설비	87
제9장 전기·조명·승강기·환기설비	101
제10장 홈네트워크설비	111

학습플랜

4주완성 학습플랜 – 7일마다 한 과목씩 끝낸다!

- 한 과목씩 집중적으로 공부하고 싶은 수험생에게 추천합니다.
- 7일마다 한 과목씩 회독하고 마지막 주째에는 전체 과목을 한 번 더 회독할 수 있어 4주 동안 2회독을 할 수 있는 플랜입니다.
- 마지막 주에는 과목별 취약 파트를 중점적으로 학습해주세요.

구분	월	화	수	목	금	토	일
[1주] 회계원리	1편 1장~ 2장 5절	1편 2장 6절~4장	1편 5장~ 7장 2절	1편 7장 3절~ 10장 2절	1편 10장 3절~12장	1편 13장~ 2편 1장	2편 2장~6장
[2주] 시설개론	1편 1장~ 4장 2절	1편 4장 3절~7장	1편 8장~11장	2편 1장~3장	2편 4장~7장	2편 8장	2편 9장~10장
[3주] 민법	1편 1장~ 3장 3절 04	1편 3장 3절 05~5장 6절	1편 5장 7절~ 7장 3절	1편 7장 4절~ 2편 4장 2절	2편 4장 3절~ 3편 2장	3편 3장~ 4편 1장	4편 2장~4장
[4주] 1차 과목	회계원리	회계원리	시설개론	시설개론	민법	민법	약점과목

7일완성 학습플랜 – 2일마다 한 과목씩 끝낸다!

- 시험 직전 반복적으로 회독하고 싶은 수험생에게 추천합니다.
- 각 차수별로 7일 동안에 1회독하는 방법으로 요약집의 모든 내용을 꼼꼼하게 회독하는 것이 아닌 자주 틀리는 파트, 정확하게 이해하지 못하고 있는 파트를 중심으로 학습해주세요.

구분	월	화	수	목	금	토	일
[7일]	회계원리	회계원리	시설개론	시설개론	민법	민법	약점파트

학습이용 Tip

- 본인의 학습진도와 상황에 따라 적합한 학습플랜을 선택한 후, 매일·매주 단위의 분량을 학습합니다.
- 목표한 분량을 완료한 후에는 전체 학습진도를 스스로 점검합니다.

이 책의 구성

눈에 쏙! 빈출 파악

민법 빈출개념 TOP 30

	민법의 법원	p.14
	권리와 의무	p.17
	신의성실의 원칙	p.21
	자연인	p.30
	법인	p.49
제1편	권리의 객체 일반론	p.72
민법총칙	법률행위의 목적	p.92
	의사표시	p.100
	법률행위의 대리	p.116
	법률행위의 무효와 취소	p.133
	법률행위의 부관(조건과 기한)	p.146
	소멸시효	p.155

① 빈출개념 TOP 30

중점을 두고 학습하여야 하는 과목별 빈출개념을 미리 파악하고, 우선순위를 두어 학습하면 최소의 시간으로 최대의 효과를 낼 수 있습니다.

개념 쏙! 이론학습

01 철근의 가공

선생님 TIP
상온에서 철근의 가공은 일반적으로 냉간가공(상온)을 원칙으로 한다.

① 지름 25mm 이하의 열하여 가공한다.
② 원형철근의 말단부
③ 이형철근은 부착력 경우에는 반드시
  ㉠ 기둥·보의 단
  ㉡ 대근(띠철근),

③ 선생님 TIP

압축된 이론의 이해를 돕고 학습의 길잡이가 되어 필요한 정보와 수험방향을 친절히 제시함으로써 1:1로 학습하는 효과를 느낄 수 있습니다.

---

03 감모손실과 평가손실 [빈출]

(1) 감모손실

① 감모손실의 계산

감모손실 = (장부상수량 - 실사수량) ×

② 감모손실의 회계처리: 매출원가 또는 기타비용
(차) 매출원가   ×××   (대) 상품
    (또는 감모손실)

② 빈출

빈출개념 TOP 30에서 제시된 본문 페이지를 바로 확인하여 빈출내용을 쉽게 찾아 연계 학습할 수 있습니다.

★ 암기 PLUS | 상각후원가와 유효이자율법

상각후원가	금융자산이나 금융부채의 최초인식금액과 만기금액의 차액에 유효이자율법을 적용하여 계산된 상각누계액을 가감한 금액
유효이자율법	금융자산이나 금융부채의 상각후원가를 계산하고 관련 기간에 걸쳐 이자수익이나 이자비용을 배분하는 방법

📖 개념 PLUS | 절수설비

1. 별도의 부속이나 기기를 추가로 장착하지 아니하고도 일반 제품에 비하여 물을 적게 사용하도록 생산된 수도꼭지 및 변기를 절수설비라고 한다.
2. 절수형 수도꼭지는 공급수압 98kPa에서 최대토수유량이 1분당 6ℓ 이하인 것. 다만, 공중용 화장실에 설치하는 수도꼭지는 1분당 5ℓ 이하인 것이어야 한다.
3. 절수형 대변기는 공급수압 98kPa에서 사용수량이 6ℓ 이하인 것이어야 한다.

④ 암기/개념 PLUS

핵심이론 중에서도 확실하게 암기하면 좋을 내용은 암기 PLUS로 선별하였고, 이론학습에 도움이 되는 부가적인 내용은 개념 PLUS로 구성하여 설명하였습니다.

실력 쏙! 확인학습

⚡ 기출

01 ( )은 연약한 점토지반을 굴착 할 때 굴착 배면의 토사 중량이 굴착 저면 이하의 지반지지력보다 클 때 발생하며, 굴착 저면이 부풀어 오르는 현상이다. 제23회

기출정답
01 히빙현상

02 흙막이 공사

히빙현상	① 연약… 여… 흙… ② 널…
보일링현상	① 투… 저… 어… ② 지…

⑤ 기출

기출지문 괄호 넣기를 통하여 본문 내용을 이해하였는지 바로 점검할 수 있어 학습한 내용을 효과적으로 확인할 수 있습니다.

주택관리사(보) 시험안내

주택관리사(보) 시험은 어떻게 접수하나요?

- 주택관리사 시험은 한국산업인력공단 큐넷 주택관리사(보) 홈페이지(www.Q-Net.or.kr/site/housing)에 접속하여 소정의 절차를 거쳐 원서를 접수합니다.
- 원서접수 시 최근 6개월 이내에 촬영한 탈모 상반신 사진을 파일(JPG파일, 150픽셀 × 200픽셀)로 첨부합니다.
- 1차 21,000원, 2차 14,000원(제28회 시험 기준)이며, 전자결제(신용카드, 계좌이체, 가상계좌) 방법을 이용하여 납부합니다.

주택관리사(보) 시험과목과 시험시간이 어떻게 되나요?

주택관리사 시험은 1년에 1회 시행하며, 1차 시험과 2차 시험을 다른 날에 구분하여 시행합니다.

구분	시험과목	시험범위	시험시간
1차 (3과목)	회계원리	세부과목 구분 없이 출제	09:30~11:10 (100분)
	공동주택시설개론	• 목구조·특수구조를 제외한 일반 건축구조와 철골구조, 장기수선계획 수립 등을 위한 건축적산 • 홈네트워크를 포함한 건축설비개론	
	민법	• 총칙 • 물권, 채권 중 총칙·계약총칙·매매·임대차·도급·위임·부당이득·불법행위	11:40~12:30 (50분)
2차 (2과목)	주택관리관계법규	다음의 법률 중 주택관리에 관련되는 규정 「주택법」,「공동주택관리법」,「민간임대주택에 관한 특별법」,「공공주택 특별법」,「건축법」,「소방기본법」,「소방시설 설치 및 관리에 관한 법률」,「화재의 예방 및 안전관리에 관한 법률」,「승강기 안전관리법」,「전기사업법」,「시설물의 안전 및 유지관리에 관한 특별법」,「도시 및 주거환경정비법」,「도시재정비 촉진을 위한 특별법」,「집합건물의 소유 및 관리에 관한 법률」	09:30~11:10 (100분)
	공동주택관리실무	시설관리, 환경관리, 공동주택 회계관리, 입주자관리, 공동주거관리이론, 대외업무, 사무·인사관리, 안전·방재관리 및 리모델링, 공동주택 하자관리(보수공사 포함) 등	

* 시험과 관련하여 법률·회계처리기준 등을 적용하여 정답을 구하여야 하는 문제는 시험시행일 현재 시행 중인 법령 등을 적용하여 그 정답을 구하여야 함
* 회계처리 등과 관련된 시험문제는 한국채택국제회계기준(K-IFRS)을 적용하여 출제됨

주택관리사(보) 시험 당일 챙겨야 할 준비물이 있나요?

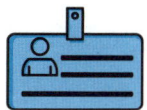
인정 신분증

필기구
(검정색 사인펜,
수정테이프 포함)

시계

수험증

* 인정 신분증은 제29회 주택관리사 자격시험 시행계획 공고(www.Q-Net.or.kr/site/housing)에서 꼭 확인해주세요.

최종 정답과 합격자 발표는 어떻게 확인하나요?

최종 정답 발표	인터넷(www.Q-Net.or.kr/site/housing)을 통하여 확인 가능합니다.
합격자 발표	시험시행일로부터 1차 약 1달 후, 2차 약 2달 후 한국산업인력공단 큐넷 주택관리사(보) 홈페이지(www.Q-Net.or.kr/site/housing)에서 확인 가능합니다.
합격자 결정방법	1. **제1차 시험**: 과목당 100점을 만점으로 하여 모든 과목 40점 이상이고, 전 과목 평균 60점 이상의 득점을 한 사람을 합격자로 합니다. 2. **제2차 시험** • 1차 시험과 동일하나, 모든 과목 40점 이상이고 전 과목 평균 60점 이상의 득점을 한 사람의 수가 선발예정인원에 미달하는 경우 모든 과목 40점 이상을 득점한 사람을 합격자로 합니다. • 2차 시험 합격자 결정 시 동점자로 인하여 선발예정인원을 초과하는 경우 그 동점자 모두를 합격자로 결정하고, 동점자의 점수는 소수점 둘째 자리까지만 계산하며 반올림은 하지 않습니다.

출제경향분석

 최근 7개년 동안 공동주택시설개론은 어떻게 출제되었나요?

7개년 편별 출제비중

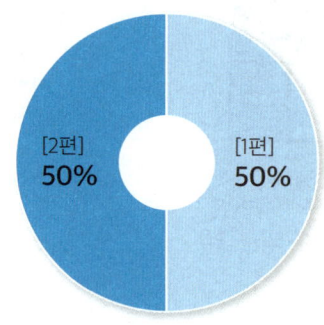

[2편] 50%   [1편] 50%

장별 출제문제 수

*평균: 최근 7개년 동안 출제된 각 장별 평균 문제 수입니다.

구분		평균*	제28회	제27회	제26회	제25회	제24회	제23회	제22회
건축구조	건축구조 총론	1.7	1	2	2	1	2	2	2
	기초구조	1.3	2	1	1	1	1	2	2
	조적구조	1.3	1	1	3	1	1	1	1
	철근콘크리트구조	3.8	4	4	3	3	4	4	3
	철골(강)구조	2.1	2	2	2	4	2	1	2
	지붕공사	0.8	1	1		1	1	1	1
	방수 및 방습공사	1.9	2	2	2	2	2	1	2
	수장공사	0.4	1			1		1	
	창호 및 유리공사	2.1	2	2	2	3	2	2	2
	미장 및 타일공사	1.9	2	2	2	1	2	2	2
	도장 및 적산	2.7	2	3	3	2	3	3	3
	소계	20	20	20	20	20	20	20	20
건축설비	급수설비	4.3	4	6	5	3	4	3	5
	급탕설비	1.6	2	2	1	1	2	2	1
	난방·냉동설비	3	4	3	2	3	2	3	4
	배수 및 통기설비	1.9	1	1	1	1	3	4	2
	위생기구 및 배관설비	1.3		1	3	3	1	1	1
	오수정화설비	0.3	1	1					
	가스설비	0.7	1		1		1	1	1
	소방설비	1.7	1	2	2	3	2	1	1
	전기·조명·승강기·환기설비	3.3	5	2	4	4	2	3	3
	홈네트워크설비	1.9	1	1	2	2	3	2	2
	소계	20	20	20	20	20	20	20	20
총계		40	40	40	40	40	40	40	40

제28회 시험은 어떻게 출제되었나요?

제28회 공동주택시설개론 문제는 상(上) 수준의 문제와 하(下) 수준의 문제가 극단적으로 나뉘어 출제되었습니다. 어려운 문제는 너무 어려웠고, 쉬운 문제는 너무나 쉬웠습니다. 다행이었던 것은 쉬운 문제가 다수 출제되어 합격점수를 획득하는 데에는 그리 어렵지 않았다는 것입니다. 상급문제가 13문제, 중급문제가 7문제, 하급문제가 20문제 비율로 출제되었는데, 전년도에 비해 중급문제가 줄고, 상급과 특히 하급의 문제가 많이 출제되었습니다.

상급문제 대부분이 처음 접하는 내용이다 보니 수험생들의 체감 난이도는 매우 어렵게 느껴졌을 것입니다. 건축구조에서는 기본 강의시간에 줄곧 중요하다고 강조한 내용이 출제되었으며, 전 단원에서 고르게 전년도와 비슷한 비율로 출제되었습니다. 철근콘크리트에서 4문제, 토공사 및 기초공사, 철골(강)구조, 방수 및 방습공사, 창호 및 유리공사, 미장 및 타일공사, 도장 및 적산에서 각각 2문제씩 출제되었습니다.

건축설비에서는 기본적인 내용이 다수 출제되었고, 설비총론, 급수설비, 급탕설비, 소방설비에서 각각 2문제씩 출제되었으며, 난방설비에서 3문제, 전기 및 수송설비에서 각각 3문제씩 출제되었습니다.

제29회 시험은 어떻게 대비해야 할까요?

편별 수험대책

1편	건축구조는 출제비율이 가장 높은 철근콘크리트구조와 그 다음으로 출제비율이 높은 건축구조 총론, 기초구조, 철골(강)구조, 지붕 및 방수구조, 창호 및 유리공사, 미장 및 타일공사, 도장 및 적산을 위주로 학습해야 합니다. 특히, 철골(강)구조, 지붕 및 방수구조, 창호 및 유리공사, 미장 및 타일공사, 도장 및 적산에서는 표준시방서를 위주로 학습하고, 대부분의 문제가 표준시방서를 기준으로 하여 문제가 출제되므로 기본서에도 수록이 되어 있는 표준시방서와 추가적인 내용이나 수정사항이 있는 경우 교안을 이용하여 학습하도록 합니다. 그 밖에 철근콘크리트구조는 철근 부분과 콘크리트 부분으로 나누어 학습하고, 건축구조 총론은 하중에 대한 내용 위주로 학습해야 하며, 기초구조에서는 사질토와 점성토를 기준으로 학습합니다.
2편	건축설비는 2차 과목인 관리실무와 많은 부분이 연관되어 있으므로 관리실무와 연계하여 학습하도록 합니다. 출제비율이 가장 높은 전기·조명·승강기·환기설비를 중점적으로 학습해야 하지만, 내용이 광범위하므로 기출문제를 활용하여 자주 출제되는 문제 위주로 학습하는 것이 중요합니다. 급수설비, 급탕설비, 난방설비는 출제가 많이 되는 단원이지만, 매회 출제가 되는 부분이 달라지므로 가장 기본적인 내용 위주로 학습합니다. 특히, 급탕설비와 난방설비에서는 계산문제가 출제되지만, 어려운 계산문제에 대한 학습보다는 많이 출제되는 기출문제 위주로 내용을 학습하는 것이 득점 가능성이 더 높습니다. 배수 및 통기설비, 가스설비, 소방설비는 대부분 나왔던 부분이 지속적으로 출제되고 있지만, 개정이 되어 수정된 부분이나 추가사항이 출제될 확률이 높으므로 개정된 내용을 잘 정리하도록 합니다.

공동주택시설개론 빈출개념 TOP 30

제1편 **건축구조**	하중의 종류	p.15
	기초	p.19
	벽돌구조	p.21
	철근공사	p.25
	콘크리트공사	p.27
	철근콘크리트구조의 부재	p.32
	강재의 접합방식	p.35
	물매의 종류	p.39
	방수공사	p.41
	창호공사	p.46
	유리공사	p.47
	미장공사	p.50
	타일공사	p.51
	도장공사	p.53
	적산	p.54
제2편 **건축설비**	물의 일반사항	p.58
	급수방식과 펌프	p.59
	급탕방식의 종류	p.63
	급탕배관	p.64
	증기난방	p.67
	온수난방	p.69
	배수설비	p.72
	통기설비	p.73
	배관설비	p.78
	가스설비	p.84
	소방설비의 종류와 기준	p.89
	공동주택의 화재안전성능기준	p.99
	전기설비	p.101
	승강기설비	p.105
	홈네트워크설비의 기준	p.111

📖 공동주택시설개론에서 자주 출제되는 개념들을 정리하였습니다. **빈출** 표시가 되어 있는 부분을 중점적으로 학습하세요.

2026 해커스 주택관리사(보)
7일완성 핵심요약집
house.Hackers.com

제1편

건축구조

제 1 장 건축구조 총론
제 2 장 기초구조
제 3 장 조적식 구조
제 4 장 철근콘크리트구조
제 5 장 철골(강)구조
제 6 장 지붕공사
제 7 장 방수 및 방습공사
제 8 장 수장공사
제 9 장 창호 및 유리공사
제10장 미장 및 타일공사
제11장 도장공사 및 적산

제1장 건축구조 총론

기본서 p.20~34

제1절 건축구조의 종류

가구식 구조	목구조	① 비내화구조이다.
	철골(강)구조	② 좌굴발생의 우려가 있다.
조적식 구조	벽돌구조	① 내화·내구적이며, 방한·방서적이다.
	블록구조	② 구조 및 시공법이 간단하다.
	돌구조	③ 횡력(수평력, 지진력, 풍력)에 약하다.
일체식 구조	철근콘크리트 구조	① 내진·내풍·내화·내구적이다.
		② 형태가 자유롭고 유지·관리가 비교적 쉽다.
	철골·철근 콘크리트구조	③ 자체중량이 무겁고 시공이 복잡하다.
		④ 동절기 공사가 곤란하고, 균열발생이 쉽다.
습식 구조	물을 사용하는 구조	① 조적식 구조
		② 일체식 구조
건식 구조	물을 사용하지 않는 구조	① 가구식 구조
		② 조립식 구조
조립식 구조	프리캐스트	① 공장생산으로 공기가 단축되고, 품질이 우수하다.
		② 아파트·사무소·공장 등의 획일적인 건물에 유리하다.
		③ 접합부(joint)의 강성이 작다.
		④ 평면 및 입면이 같고, 다양한 외형 추구가 어렵다.
커튼월 구조	비내력벽	① 건물의 외벽을 유리로 마감하여 건물의 자중을 줄인다.
		② 상부의 하중은 감당하지 못하고 자기 자신의 무게만을 감당하는 구조이다.
막구조	텐트, 천막	막을 잡아당겨 막에 인장력을 주면, 막 자체에 강성이 생겨 구조체로서 힘을 받을 수 있는 구조이다.
현수구조	현수교(교량)	중간에 기둥을 두지 않고 구조물의 주요 부분을 매달아서 인장력으로 저항하는 구조물이다.
쉘구조	지붕구조	입체적으로 휘어진 얇은 판으로써 주변을 충분히 지지시켜서 면에 분포되는 하중을 인장 또는 압축과 같은 면 내력으로 전달하는 구조이다.

기출

01 일체식 구조는 라멘구조라고도 하며, 기둥과 보를 (   )단으로 접합한 구조이다. 제17회

02 조립식 구조는 부재를 규격화하여 미리 (   )에서 생산 및 가공한 후 현장에서 조립하는 구조이다. 제17회

기출

03 현수구조는 케이블의 (   )력으로 하중을 지지하는 구조이다. 제27회

기출정답
01 고정
02 공장
03 인장

아치구조	개구부 상부	상부에서 오는 수직압력을 아치의 축선에 따라 좌우로 나누어 밑으로 압축력만을 전달하게 한 것으로, 부재의 하부에는 인장력이 생기지 않는다.
벽식구조	아파트, 내력벽식	보나 기둥 없이 판으로 바닥 슬래브와 벽을 연결한 구조이다.

⚡기출

01 아치구조는 주로 (　　) 력을 전달하게 하는 구조이다.
제20회

제2절 하중의 종류 〈빈출〉

장기하중	고정하중	움직임이 없는 하중: 건물의 자중, 고정된 기계설비, 마감재의 자중
	활하중	움직임이 있는 하중: 사람, 가구, 이동칸막이, 창고의 저장물, 설비기계
단기하중	(적)설하중	눈의 무게에 의한 하중
	풍하중	태풍 등에 의한 바람의 하중
	지진하중	지진으로 인한 지반의 흔들림에 의한 하중
활하중		① 활하중은 점유·사용에 의하여 발생할 것으로 예상되는 최대의 하중이어야 한다. ② 등분포활하중과 집중활하중 중에서 구조부재별로 더 큰 하중효과를 발생시키는 하중에 대하여 설계하여야 한다.
	활하중의 저감	등분포활하중은 부재의 영향면적이 36m² 이상인 경우 저감 가능
	저감공식	$C(활하중의 저감계수) = 0.3 + \dfrac{4.2}{\sqrt{A}}$ A: 영향면적(단, A ≥ 36m²)
	영향면적	① 영향면적은 기둥 및 기초에서는 부하면적의 4배, 보 또는 벽체에서는 부하면적의 2배, 슬래브에서는 부하면적을 적용한다. ② 단, 부하면적 중 캔틸레버 부분은 4배 또는 2배를 적용하지 않고 영향면적에 단순 합산한다.

선생님 TIP

고정하중과 활하중의 구분은 매우 중요하므로 개념을 잘 이해하고 있어야 한다.

⚡기출

02 고정하중은 자중, 고정된 기계설비 등의 하중으로, 고정칸막이벽과 같은 비구조 부재의 하중도 (　　)한다.
제18회

03 활하중은 분포 특성을 파악하기 어렵고, 건축물의 사용용도에 따라 변동 폭이 (　　).
제18회

04 지붕 활하중을 제외한 등분포활하중은 부재의 영향면적이 (　　)m² 이상인 경우 저감할 수 있다. 제22회

기출정답

01 압축
02 포함
03 크다
04 36

선생님 TIP
등분포활하중 값은 기본적인 암기가 필요하다.

기본등분포활하중

구분	용도		등분포 활하중
1	주택	주거용 건축물의 거실	2.0kN/m²
2		공동주택의 공용실	5.0kN/m²
3		발코니	출입 바닥 활하중의 1.5배, 최대 5.0kN/m²
4	계단	단독주택 또는 2세대 거주 주택	2.0kN/m²
5		기타의 계단	5.0kN/m²

⚡ 기출

01 풍하중은 (　　)설계용 수평풍하중·(　　)풍하중과 (　　)설계용 풍하중으로 구분한다. 제18회

02 지진하중 산정시 반응수정계수가 클수록 지진하중은 (　　)한다. 제23회

풍하중
① 풍하중은 주골조설계용 수평풍하중·지붕풍하중과 외장재설계용 풍하중으로 구분한다.
② 기준높이는 통상적인 건축구조물에서는 지붕의 평균높이로 하며, 이 기준높이에서의 속도압을 기준으로 풍하중을 산정한다.
③ 풍하중을 산정할 때에는 각 건축구조물 표면의 양면에 작용하는 풍압의 벡터합으로 한다.
④ 풍하중은 10분간 평균풍속의 재현기간 500년에 대한 값을 기본으로 로 산정한다.

지진하중
① 각 부재가 연성능력을 발휘할 수 있도록 취성파괴를 억제하도록 설계해야 한다.
② 보-기둥 연결부에서 가능한 한 강기둥-약보가 되도록 설계한다.
③ 기둥이 큰 축력을 받는 경우 기둥의 휨강도가 보의 휨강도보다 크도록 설계한다.
④ 지진하중은 건축물이 무거울수록 크다.

지진하중 계산
- 밑면의 전단력 $V = $ 지진응답계수(C_s) · 건물중량(W)
- 지진응답계수 $C_s = \dfrac{S_{D1}}{\left[\dfrac{R}{I_E}\right]T}$

I_E: 건축물의 중요도계수
R: 반응수정계수
T: 건축물의 고유주기(초)
S_{D1}: 주기 1초에서의 설계스펙트럼가속도

지진의 크기
① 규모: 절대적인 값
② 진도: 상대적인 값

선생님 TIP
지진응답계수는 지진하중을 계산하는 공식으로 암기가 필요하다.

기출정답
01 주골조, 지붕, 외장재
02 감소

(적)설하중	① 설하중은 구조물이 위치한 지역의 기상조건 등에 많은 영향을 받는다. ② 설하중은 지붕의 물매가 클수록 작다. ③ 설계용 지붕설하중은 기본지상설하중을 기준으로 하여 기본지붕설하중계수, 노출계수, 온도계수, 중요도계수 및 지붕의 형상계수와 기타 재하분포상태 등을 고려하여 산정한다. ④ 기본지상설하중은 재현기간 100년에 대한 수직 최심적설깊이를 기준으로 한다. ⑤ 최소 지상설하중은 0.5kN/m²로 한다.

⚡기출

01 적설하중은 지붕형상의 영향을 ( )는다. 제21회

02 기본지상설하중은 재현기간 ( )년에 대한 수직 최심적설깊이를 기준으로 한다. 제27회

기출정답

01 받
02 100

제2장 기초구조

기본서 p.38~54

제1절 지반의 성질과 조사

01 흙의 지중응력 분포

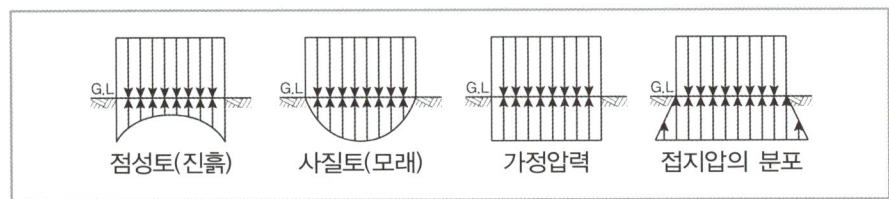

점성토(진흙)   사질토(모래)   가정압력   접지압의 분포

① 사질지반은 건축물의 양단부쪽이 약하고 중앙부의 응력이 크기 때문에 양단부쪽이 먼저 침하한다.
② 점토지반은 건축물의 중앙부분이 약하고 양단부쪽의 응력이 크므로 중앙부분이 먼저 침하한다.

02 지반조사법

⚡ **기출**

01 ( )은 지중 천공을 통해 토사를 채취하여 지반의 깊이에 따른 지층의 구성 상태 등을 조사하는 방법이다.
제16회

⚡ **기출**

02 표준관입시험은 ( ) 지반에서 실시하는 것을 원칙으로 한다. 제21회

기출정답
01 보링
02 사질

보링 (boring)	종류	① 충격식 보링 ② 수세식 보링 ③ 오거식 보링 ④ **회전식 보링**: 가장 정확, 불교란시료 채취 가능
	목적	① 흙(토질)의 주상도 작성 ② 사운딩테스트(sounding test, 원위치시험) 실시 ③ 시료 채취 ④ 지하수위 측정 ⑤ 토질 조사 ⑥ 지내력 추정
	표준관입 시험	① 무게 63.5kg의 낙하용 추를 높이 75cm에서 자유낙하시켜 30cm를 관입시키는 데 소요되는 타격 횟수(N값)를 측정한다. ② 점성토지반에서는 실시하지 않는 것을 원칙으로 한다.

베인테스트	보링(boring)한 구멍을 이용하여 +자 날개형(vane) 장치를 회전시켜 연약한 점토지반에서의 진흙의 점착력을 파악하는 조사법이다.	
물리적 지하탐사법	① 물리적 지하탐사법은 넓은 지반을 개략적으로 조사하기 위해 주로 사용된다. ② 종류에는 탄성파탐사, 전기비저항탐사, 전자탐사, 지표투과레이더(GPR)탐사, 중력탐사, 표면파탐사[MASW(SASW)] 등이 있다.	

기출

01 베인테스트는 +자 날개형 테스트의 회전력으로 ( )지반의 점착력을 조사하는 방법이다. 제16회

03 지내력시험

평판재하시험	① 평판재하시험의 재하판(평판)은 직경 300mm를 표준으로 한다. ② 예정기초 저면(밑면)에 설치하여 시험한다. ③ 재하는 5단계 이상으로 나누어 시행한다.	

제2절 기초 〈빈출〉

01 기초의 구분

기초판 형식에 따른 분류	확대(독립)기초	기초판 1개에 기둥이 1개인 기초
	복합기초	기초판 1개에 기둥이 2개 이상인 기초
	연속(줄)기초	벽체나 일련의 기둥을 받는 기초로서 주로 조적구조에서 많이 사용하는 기초
	전면(온통)기초	건축물의 지하실 바닥 전체를 사용하는 기초
말뚝기초의 기능상 분류	지지말뚝	지지말뚝의 허용지지력은 보통 말뚝의 지지력으로만 본다.
	마찰말뚝	① 연약층이 깊어 점토층으로 되어 있고, 굳은 층에 지지할 수 없을 때 말뚝과 지반의 마찰력에 의하는 말뚝이다. ② 부등침하 방지대책으로 사용된다.

선생님 TIP

- 기초판 형식에 따른 기초의 종류 4가지는 항상 기억해야 한다.
- 이론상으로는 마찰말뚝이 매우 좋은 말뚝이다.

기출

02 ( )기초는 벽 또는 일련의 기둥으로부터의 응력을 띠모양으로 하여 지반 또는 지정에 전달하는 기초이다. 제23회

기출정답
01 점토
02 연속

02 기초의 부등침하 및 기초파기

선생님 TIP
부등침하의 발생원인과 대책은 잘 정리할 필요가 있다.

기출
01 (　　) 공법은 흙막이를 설치하지 않고 흙의 안식각을 고려하여 기초파기 하는 공법이다. 제20회

02 탑다운 공법은 넓은 작업공간을 불필요로 하므로 도심지 공사에 (　　)한 공법이다. 제20회

03 보일링현상은 연약한 (　　)지반에서 땅파기 외측의 흙의 중량으로 인하여 땅파기된 저면이 부풀어 오르는 현상이다. 제23회

부등침하의 원인	① 연약지반인 경우	② 지하수위 변경
	③ 경사지반을 메운 경우	④ 지하구멍
	⑤ 이질층에 건물이 걸쳐 있을 경우	⑥ 메운 땅일 때
	⑦ 낭떠러지에 접한 경우	⑧ 이질지정
	⑨ 무리한 증축	⑩ 일부지정

기초파기 공법	오픈컷 공법	흙막이가 없는 기초파기 공법으로, 30~40° 정도의 휴식각(안식각)을 두어야 한다.
	아일랜드컷 공법	주변의 흙은 경사면으로 남겨두고 중앙부를 먼저 파고 중앙부의 지하구조물을 축조한 다음, 버팀대를 완성된 구조물에 지지시켜 주변부 흙을 파내어 나머지 지하구조물을 완성하는 공법이다.
	트렌치컷 공법	주변을 먼저 파고 주변부 지하 구조체를 축조한 후 중앙부를 나중에 완성하는 공법이다.
	탑 - 다운 공법 (역타 공법)	① 탑다운 공법은 지하층 공사에 많이 적용된다. ② 도심지 등의 좁은 대지로 인한 공사여건이 어려운 경우에 많이 실시한다.
	슬러리월 공법(지하 연속벽 공법)	① 안정액을 사용하여 굴착한 뒤 지중(地中)에 연속된 철근콘크리트 벽을 형성하는 현장타설 공법이다. ② 건축물의 지하 구조물을 축조하기 위한 가설 토류벽 역할 및 본체 벽으로도 많이 활용된다.

기초파기시 주의사항	히빙현상	점토지반에서 널말뚝의 하부가 연약하여 옆면 상부로부터 내려온 토압이 밀려 올라오는 현상
	보일링현상	사질지반에서 지반이 부력을 받아서 불룩하게 부풀어 오르는 현상
	파이핑현상	널말뚝, 가로 널, 흙막이 벽 등에서 이음새 혹은 구멍 등으로 물·토사가 흘러나오는 현상

선생님 TIP
- 히빙현상과 보일링현상은 각각 다른 지반에서 발생된다.
- 지반개량 공법은 사질지반과 점토지반에 사용되는 공법을 구분하여 학습한다.

기출
04 샌드드레인 공법은 연약 (　　)지반을 압밀하여 물을 제거하는 지반개량 공법이다. 제20회

지반개량 공법	사질지반	① 웰포인트 공법 ② 바이브로 플로테이션 공법 - 진동다짐 공법
	점토지반	① 샌드드레인 공법 ② 페이퍼드레인 공법
	주입공법	① 시멘트 주입 공법 ② 약액 주입 공법

기출정답
01 오픈컷
02 적합
03 점성토
04 점토

제3장 조적구조

기본서 p.58~78

제1절 벽돌구조 〈빈출〉

01 개요

쌓기용 모르타르	① 모르타르의 강도는 벽돌강도보다 커야 한다. ② 현장에서 원하는 시공연도를 얻을 수 있을 만큼의 물을 넣고 모르타르나 그라우트를 비비는 경우에 비빔기계 안에서의 비빔시간은 3분 미만이나 10분 이상이어서는 안 된다. ③ 어떤 경우에도 처음 물을 넣고 비빈 후 두 시간이 지난 모르타르나 한 시간이 지난 그라우트를 사용해서는 안 된다.
줄눈	① 가로 및 세로줄눈의 너비는 도면 또는 공사시방서에 정한 바가 없을 때에는 10mm를 표준으로 한다. ② 세로줄눈은 통줄눈이 되지 않도록 하고, 수직 일직선상에 오도록 벽돌 나누기를 한다.
통줄눈	구조적으로 약해 비내력벽이나 치장·장식용에만 사용된다.
막힌줄눈	모든 벽돌의 내력벽은 반드시 막힌줄눈을 사용한다.
치장줄눈	치장줄눈의 깊이는 6mm로 하고, 줄눈 모르타르가 굳기 전에 줄눈파기를 한다.

⚡ **기출**

01 가로 및 세로줄눈의 너비는 공사시방서에서 정한 바가 없을 때에는 (   )mm를 표준으로 한다. 제17회

02 벽돌쌓기 방식

일반 쌓기 방법	영국식 쌓기	① 쌓기 방법 중 가장 튼튼한 쌓기법이다. ② 반절이나 이오토막은 마구리 켜에서 사용된다.
	화란식(네덜란드식) 쌓기	① 모서리가 가장 튼튼한 쌓기법이다. ② 칠오토막은 길이 켜에서 사용된다.
	프랑스식(불식) 쌓기	① 통줄눈이 생겨 구조적으로 튼튼하지 못하여 비내력벽, 치장 장식용으로만 사용된다. ② 입면상으로 매 켜에서 길이쌓기와 마구리쌓기를 번갈아서 쌓는 방식이다.
	미국식 쌓기	① 길이로 5켜 쌓고, 마구리로 1켜씩 반복하여 쌓는다. ② 벽의 두께가 두꺼워져 실내유효면적이 감소된다.

⚡ **기출**

02 영식 쌓기는 한 켜는 길이쌓기로, 다음 켜는 마구리쌓기로 하며 모서리나 벽 끝에는 (   )토막을 쓴다. 제14회

기출정답
01 10
02 칠오

⚡ 기출

01 ( )쌓기는 벽돌벽에 구멍을 내어 쌓는 방식이다.
제25회

선생님 TIP
층단 들여쌓기와 켜걸름 들여쌓기는 사용용도가 헷갈리는 경우가 많으니 사용용도를 구분하여 학습한다.

⚡ 기출

02 내쌓기는 1켜씩 1/8B 또는 2켜씩 ( )B 내쌓는다.
제28회

03 기초쌓기는 1/4B로 1켜 또는 2켜씩 내어 쌓으며 기초 벽돌 맨 밑면의 너비는 벽두께의 ( )배 이상으로 한다.
제28회

04 공간쌓기는 바깥쪽을 주벽체로 하고 안쪽을 ( )B 쌓기로 한다.
제28회

05 ( ) 아치쌓기란 벽돌을 쐐기모양으로 다듬어 만든 아치로 줄눈은 아치의 중심에 모이게 하여야 한다.
제26회

선생님 TIP
아치를 만들 때 줄눈을 쐐기모양으로 하였는지, 벽돌을 쐐기모양으로 하였는지를 구분하여 학습한다.

기출정답
01 영롱
02 1/4
03 2
04 0.5
05 막 만든

엇모쌓기	벽돌을 45° 각도로 쌓는 것으로, 벽면의 변화 효과 및 외관장식에 좋다.	
영롱쌓기	벽돌벽 등에 장식적으로 구멍을 내어 쌓는 형식이다.	
층단 들여쌓기	① 연속되는 벽면의 일부를 트이게 하여 나중쌓기로 할 때 또는 다음 날 이어 쌓기 위해서 층단 들여쌓기를 한다. ② 구조적으로 통줄눈이 안 생겨 튼튼한 쌓기법이다.	
켜걸름 들여쌓기	직교하는 벽돌벽의 한편을 나중쌓기로 할 때에는 그 부분에 벽돌 물림자리를 벽돌 한 켜걸름으로 1/4B를 들여쌓는다.	
내쌓기	① 벽돌 벽면 중간에서 내밀어 쌓기를 할 때에는 2켜씩 1/4B 또는 1켜씩 1/8B 내쌓기로 한다. ② 맨 위는 2켜 내쌓기로 한다. ③ 전체 내미는 한도는 2.0B 이내로 한다.	
기초쌓기	① 기초쌓기는 1/4B씩 1켜 또는 2켜 내어 쌓는다. ② 기초 벽돌의 맨 밑의 너비는 도면 또는 공사시방서에서 정한 바가 없을 때에는 벽두께의 2배로 하고 맨 밑은 2켜 쌓기로 한다.	
공간쌓기	① 공간쌓기는 도면 또는 공사시방서에 정한 바가 없을 때에는 바깥쪽을 주벽체로 하고 안쪽은 반장쌓기로 한다. ② 공간 너비는 통상 50~70mm(단열재 두께 + 10mm) 정도로 한다. ③ 연결재의 배치·거리 간격의 최대수직거리는 400mm를 초과해서는 안 되고, 최대수평거리는 900mm를 초과해서는 안 된다.	
아치쌓기	① 아치구조는 상부에서 오는 수직압력이 아치의 축선에 따라 양쪽으로 나누어 양쪽 벽체나 기둥 등에 직압력만 전달하게 함으로써 아치의 하부에 인장력이 발생되지 않는 구조이다. ② 아치쌓기는 그 축선에 따라 미리 벽돌 나누기를 하고, 아치의 어깨에서부터 좌우 대칭형으로 균등하게 쌓는다. ③ 창의 폭이 1m 이하이면 평아치를 쌓을 수 있다.	평아치

	④ 아치의 종류 　㉠ **본 아치**: 아치벽돌을 특별히 주문 제작하여 쓴 것 　㉡ **거친 아치**: 현장에서 보통벽돌을 사용하여 줄눈을 쐐기모양으로 한 것 　㉢ **막 만든 아치**: 보통벽돌을 쐐기모양으로 다듬어 쓴 것	 거친 아치
창대쌓기	① 창대 벽돌은 도면 또는 공사시방서에서 정한 바가 없을 때에는 그 윗면을 15° 정도의 경사로 옆세워 쌓고, 그 앞 끝의 밑은 벽돌 벽면에서 30~50mm 내밀어 쌓는다. ② 창대 벽돌의 위 끝은 창대 밑에 15mm 정도 들어가 물리게 쌓고, 창대 벽돌의 좌우 끝은 옆벽에 2장 정도 물린다.	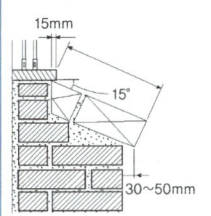

⚡**기출**

01 창대 벽돌 윗면은 (　)° 정도의 경사로 옆세워 쌓는다. 　제28회

제2절 조적구조의 개구부

개구부의 구조제한	① 개구부 폭(너비)의 합계는 그 벽길이의 1/2 이하로 한다. ⇨ ㉠ ② 개구부와 그 위의 개구부 수직거리는 600mm 이상으로 한다. ⇨ ㉡ ③ 개구부 상호간 수평거리는 벽두께의 2배 이상으로 한다. ⇨ ㉢ ④ 개구부의 폭이 1.8m 초과된 경우 개구부의 상단에 철근콘크리트 또는 철골로 만들어진 인방보를 반드시 설치해야 한다.	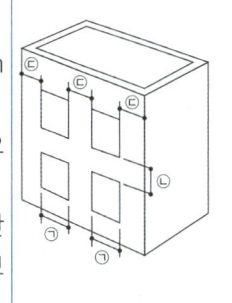
조적조의 내력벽 구조제한	① 조적구조에서 내력벽 길이는 10m 이하로 하고, 만약 10m 이상일 때에는 부축벽을 설치하거나 벽의 두께를 증가시켜야 한다. ② 조적구조에서 내력벽으로 둘러싸인 바닥면적은 80m² 이하로 하여야 한다. ③ 조적구조에서 내력벽의 두께는 190mm 이상으로 하고, 벽돌구조에서는 벽높이의 1/20 이상, 블록구조에서는 벽높이의 1/16 이상이어야 한다(마감두께는 제외한다). ④ 조적구조에서 2층 내력벽의 높이는 4m 이하로 해야 한다.	

⚡**기출**

02 조적조의 2층 건물에서 2층 내력벽의 높이는 (　) m 이하이다. 　제22회

기출정답

01 15
02 4

⚡ 기출

01 인방보는 좌우측 기둥이나 벽체에 (　)mm 이상 서로 물리도록 설치한다.
제23회

인방보	① 인방보는 양 끝을 벽체의 블록에 200mm 이상 걸치고, 또한 위에서 오는 하중을 전달할 충분한 길이로 한다. ② 인방보는 도면 또는 공사시방서에서 정하는 바에 따라 현장타설 콘크리트 부어넣기 또는 기성 콘크리트 부재로 한다.	
테두리보	① 설치목적 　㉠ 테두리보는 벽체를 일체화시켜 상부에서 오는 하중을 균등히 분배시키는 역할을 한다. 　㉡ 벽면에 대한 수직균열을 방지한다. 　㉢ 세로철근을 정착시킬 수 있다. 　㉣ 지붕하중을 받는 벽돌이나 블록을 보강해준다. ② 테두리보의 모서리 철근은 서로 직각으로 구부려 겹치거나 길이 40d 이상 바깥에 오는 철근을 넘어 구부려 내리고 유효하게 정착한다. ③ 테두리보 바로 밑에 개구부를 위치시킬 때에는 테두리보가 인방보 역할을 하여 인방보를 설치하지 않아도 된다.	
벽돌쌓기 일반사항	① 붉은 벽돌은 벽돌쌓기 하루 전에 벽돌더미에 물 호스로 충분히 젖게 하여 표면에 습도를 유지하도록 한다. ② 콘크리트(시멘트) 벽돌은 쌓기 전 물을 축이지 아니한다. ③ 하루의 쌓기 높이는 1.2m(18켜 정도)를 표준으로 하고, 최대 1.5m(22켜 정도) 이하로 한다. ④ 벽돌쌓기법은 도면 또는 공사시방에서 정한 바가 없을 때에는 영식 쌓기 또는 화란식 쌓기로 한다. ⑤ 연속되는 벽면의 일부를 트이게 하여 나중쌓기로 할 때에는 그 부분을 층단 들여쌓기로 한다. ⑥ 벽돌벽이 블록벽과 서로 직각으로 만날 때에는 연결철물을 만들어 블록 3단마다 보강하여 쌓는다. ⑦ 벽돌벽이 콘크리트 기둥(벽)과 슬래브 하부면과 만날 때는 그 사이에 모르타르를 충전하고, 필요시 우레탄폼 등을 이용한다.	

⚡ 기출

02 하루의 쌓기높이는 (　)m를 표준으로 하고, 최대 (　)m 이하로 한다.
제23회

선생님 TIP

조적조의 문제는 전체적으로 출제되므로 기본적인 내용을 충분히 이해 학습한다.

기출정답

01 50
02 1.2, 1.5

제4장 철근콘크리트구조

기본서 p.82~116

제1절 철근공사 〈빈출〉

01 철근콘크리트의 성질

① 철근과 콘크리트의 선(열)팽창계수가 거의 같다.

철근 선(열)팽창계수	1.2×10^{-5}/℃
콘크리트 선(열)팽창계수	$1.0 \sim 1.3 \times 10^{-5}$/℃

② 콘크리트는 알칼리성으로 철근의 부식을 방지하여 녹이 슬지 않는다.
③ 철근과 콘크리트는 부착강도가 우수하다.

⚡ **기출**
01 콘크리트와 철근 상호간의 ( )성이 양호하여 일체 거동이 가능하다. 제17회

02 철근의 개요

철근의 종류 및 기호	종류	기호	최소항복강도	구분방법
	원형철근	SR300	300 이상	녹색
	이형철근	SD300	300 이상	녹색
		SD400	400 이상	황색
		SD500	500 이상	검정색

철근 표면의 표시	
	K: 원산지, HS: 제조회사, 35: 철근지름(mm), 4: 철근(항복)강도(400MPa)

철근 가공의 허용오차	철근의 종류		부호	허용오차(mm)
	스터럽, 띠철근, 나선철근		a, b	±5
	그 밖의 철근	D25 이하의 이형철근	a, b	±15
		D29 이상 D32 이하의 이형철근	a, b	±20
	가공 후의 전 길이		L	±20

⚡ **기출**
02 SD400에서 400은 ( ) 강도가 400MPa 이상을 의미한다. 제23회

03 보에 사용되는 스터럽의 가공치수 허용오차는 ±( )mm로 한다. 제18회

기출정답
01 부착
02 항복
03 5

03 철근의 이음과 정착

철근의 이음	① D35를 초과하는 철근은 겹침이음을 할 수 없다. ② 이음의 위치는 되도록 응력이 큰 곳을 피하고 엇갈리게 잇는다. ③ 한곳에 철근 수의 반 이상을 이어서는 안 된다. ④ 주철근의 이음은 구조부재에 있어서 인장력이 가장 작은 부분에 두어야 한다. ⑤ 갈고리의 길이는 이음길이에 포함시키지 않는다.
철근의 정착위치	① 기둥의 주근은 기초 또는 바닥판에 정착한다. ② 큰보의 주근은 기둥에, 작은보의 주근은 큰보에 정착한다. ③ 벽 철근은 기둥, 보, 바닥판에 정착한다. ④ 바닥(slab) 철근은 보 또는 벽체에 정착한다. ⑤ 지중보의 주근은 기초 또는 기둥에 정착한다. ⑥ 직교하는 보의 밑에 기둥이 없을 때에는 상호간에 정착한다.

기출

01 작은 보(beam)의 주근을 (   )에 정착한다.   제28회

04 철근과 콘크리트의 부착력

선생님 TIP

부착력(강도)은 철근과 콘크리트의 접착력을 의미한다.

기출

02 부착강도는 원형철근보다 (   )철근이 우수하다.   제28회

03 주철근 표준갈고리의 각도는 (   )°와 (   )°로 분류된다.   제18회

특징	① 콘크리트의 압축강도가 클수록 부착력(강도)이 크다. ② 원형철근보다 이형철근이 부착력(강도)이 더 크다. ③ 단면적이 같은 경우 굵은 철근보다 가는 철근을 여러 개 사용하면 부착강도가 커진다. ④ 피복두께가 일정량 두꺼워지면 부착력(강도)이 커진다. ⑤ 녹이 많이 슨 철근은 녹을 제거해야 하지만 약간 녹이 슨 철근은 녹이 슬지 않은 새 철근보다 부착력(강도)이 크다. ⑥ 수직철근이 수평철근보다 부착력(강도)이 크다. ⑦ 수평철근 중에서는 하부철근이 상부철근보다 부착력(강도)이 크다. ⑧ 원형철근의 말단부는 반드시 갈고리(hook)를 둔다.
표준갈고리	① 주철근의 표준갈고리는 다음과 같이 180° 표준갈고리와 90° 표준갈고리로 분류된다. ② 스터럽과 띠철근의 표준갈고리는 90° 표준갈고리와 135° 표준갈고리로 분류된다.

기출정답

01 큰보
02 이형
03 180, 90

05 철근의 피복

피복두께	콘크리트 외측 표면에서부터 가장 가까이 있는 철근(띠철근, 스터럽)의 외측 표면까지의 거리를 피복두께라 한다.

현장치기 철근 콘크리트의 피복두께	종류			피복두께
	수중에서 치는 콘크리트			100mm
	흙에 접하여 콘크리트를 친 후 영구히 흙에 묻혀 있는 콘크리트			75mm
	흙에 접하거나 옥외의 공기에 직접 노출되는 콘크리트	D19 이상의 철근		50mm
		D16 이하의 철근, 지름 16mm 이하의 철선		40mm
	옥외의 공기나 흙에 직접 접하지 않는 콘크리트	슬래브, 벽체, 장선	D35 초과 철근	40mm
			D35 이하 철근	20mm
		보, 기둥 ✚ 콘크리트의 설계기준 압축강도가 40MPa 이상인 경우 규정된 값에서 10mm 저감시킬 수 있다.		40mm
		쉘, 절판부재		20mm

⚡기출

01 콘크리트의 설계기준 압축강도가 30MPa인 경우에 옥외의 공기에 직접 노출되지 않는 철근콘크리트 보의 최소피복두께는 ( )mm이다. 제24회

제2절 콘크리트공사 〈빈출〉

01 콘크리트의 개요

A·E제의 목적	① 동결 융해에 대한 저항성을 크게 하여 콘크리트의 내구성을 크게 한다. ② 시공연도(workability)를 향상시킨다. ③ 재료분리, 블리딩현상이 감소한다. ④ AE제, AE감수제 또는 고성능 AE감수제를 사용한 콘크리트의 운반 후 공기량은 규정값에서 ±1.5% 이내이어야 한다.
물·결합재비	모르타르 또는 콘크리트에 포함된 시멘트 페이스트 중의 결합재에 대한 물의 질량 백분율을 말한다.

기출정답

01 40

기출

01 재료분리가 발생하지 않는 범위에서 단위수량이 증가하면 워커빌리티는 (   )한다. 제25회

02 온도가 낮고, 습도가 높을수록 크리프는 (   )한다. 제16회

03 거푸집의 콘크리트 측압은 슬럼프가 클수록, 온도가 낮을수록, 부배합일수록 (   )다. 제22회

선생님 TIP

빈배합과 부배합은 시멘트의 사용량에 따른 구분이며, 물과 자갈의 사용량은 일정하다.

	물·결합재비	배합	강도	균열	시공연도	슬럼프값	재료분리, 블리딩 현상	크리프 현상	측압
	크다	묽은 배합	작다	크다	좋다	크다	크다	크다	크다
	작다	된 배합	크다	작다	나쁘다	작다	작다	작다	작다

온도와 습도	구분		배합	강도	균열	시공연도	재료분리, 블리딩	크리프 현상	측압
	온도	높다	된	크다	크다	나쁘다	작다	크다	작다
		낮다	묽은	작다	작다	좋다	크다	작다	크다
	습도	높다	묽은	작다	작다	좋다	크다	작다	크다
		낮다	된	크다	크다	나쁘다	작다	크다	작다

부배합과 빈배합	구분	강도	균열	시공연도
	부배합	크다	크다	크다
	빈배합	작다	작다	작다

02 콘크리트의 비빔과 운반, 타설, 양생

콘크리트 비비기 및 운반 조건	① 계량은 현장 배합에 의해 실시하는 것으로 한다. ② 연속믹서를 사용할 경우, 각 재료는 용적으로 계량한다. ③ 비비기 시간은 시험에 의해 정하는 것을 원칙으로 한다. 비비기 시간에 대한 시험을 실시하지 않은 경우 그 최소시간은 가경식 믹서일 때에는 1분 30초 이상, 강제식 믹서일 때에는 1분 이상을 표준으로 한다. ④ 비비기는 미리 정해 둔 비비기 시간의 3배 이상 계속하지 않아야 한다. ⑤ 비비기로부터 타설이 끝날 때까지의 시간은 원칙적으로 외기온도가 25℃ 이상일 때는 1.5시간, 25℃ 미만일 때에는 2시간을 넘어서는 안 된다.
콘크리트 타설 및 다지기	① 타설한 콘크리트를 거푸집 안에서 횡방향으로 이동시켜서는 안 된다. ② 한 구획 내의 콘크리트는 타설이 완료될 때까지 연속해서 타설하여야 한다. ③ 콘크리트는 그 표면이 한 구획 내에서는 거의 수평이 되도록 타설하는 것을 원칙으로 한다. ④ **이어치기 허용 시간간격**: 하층 콘크리트 비비기 시작에서부터 콘크리트 타설 완료한 후, 상층 콘크리트가 타설되기까지의 시간을 말한다.

기출

04 콘크리트 혼합부터 부어 넣기까지의 시간한도는 외기온이 25℃ 미만에서는 (   )분, 25℃ 이상에서는 (   )분으로 한다. 제22회

기출정답

01 증가
02 증가
03 크
04 120, 90

외기온도	이어치기 허용 시간간격
25℃ 초과	2.0시간 이내
25℃ 이하	2.5시간 이내

⑤ 콘크리트 다지기에는 내부진동기의 사용을 원칙으로 하나, 얇은 벽 등 내부진동기의 사용이 곤란한 장소에서는 거푸집진동기를 사용한다.
⑥ 진동다지기를 할 때에는 내부진동기를 하층의 콘크리트 속으로 0.1m 정도 찔러 넣는다.
⑦ 내부진동기는 연직으로 찔러 넣으며, 그 간격은 진동이 유효하다고 인정되는 범위의 지름 이하로서 일정한 간격으로 한다. 삽입간격은 0.5m 이하로 한다.
⑧ 1개소당 진동시간은 다짐할 때 시멘트풀이 표면 상부로 약간 부상하기까지로 한다.

03 콘크리트의 종류

레디 믹스트 콘크리트	① 센트럴 믹스트 콘크리트(central mixed concrete): 고정 믹서에서 100% 완전히 비빈 것을 현장에 운반하는 것으로 가장 단거리용이다. ② 슈링크 믹스트 콘크리트(shrink mixed concrete): 고정 믹서에서 50% 정도 비빈 것을 트럭 믹서에 담아 운반 중 완전히 100% 비벼서 현장에 반입하는 방법이다. ③ 트랜싯 믹스트 콘크리트(transit mixed concrete): 트럭 믹서에 재료가 공급되어 운반 중에 완전히 100% 비벼서 현장에 반입하는 것으로 가장 장거리용이다.
경량 콘크리트	① 경량골재 콘크리트는 공기연행 콘크리트로 하는 것을 원칙으로 한다. ② 경량골재 콘크리트의 최대 물·결합재비는 60%를 원칙으로 한다. ③ 공기량은 5.5%를 기준으로 그 허용오차는 ±1.5%로 한다.
수밀 콘크리트	① 콘크리트의 워커빌리티를 개선시키기 위해 공기연행제, 공기연행감수제 또는 고성능 공기연행감수제를 사용하는 경우라도 공기량은 4% 이하가 되게 한다. ② 물·결합재비는 50% 이하를 표준으로 한다.
고강도 콘크리트	① 고강도 콘크리트는 설계기준 압축강도가 보통 콘크리트에서 40MPa 이상, 경량 콘크리트에서 27MPa 이상인 콘크리트를 말한다. ② 단위수량은 소요의 워커빌리티를 얻을 수 있는 범위 내에서 가능한 작게 하여야 한다. ③ 슬럼프는 작업이 가능한 범위 내에서 되도록 작게 한다.

기출

01 콘크리트 타설 후 양생 기간 동안의 일 평균기온이 ( )℃ 이하인 경우 한중 콘크리트로 시공한다.
제23회

02 서중 콘크리트는 일 평균기온이 ( )℃를 넘는 시기에 타설되는 콘크리트이다.
제15회

한중 콘크리트	① 타설일의 일 평균기온이 4℃ 이하 또는 콘크리트 타설 완료 후 24시간 동안 일 최저기온 0℃ 이하가 예상되는 조건이거나 그 이후라도 초기동해 위험이 있는 경우 한중 콘크리트로 시공하여야 한다. ② 한중 콘크리트에는 공기연행 콘크리트를 사용하는 것을 원칙으로 한다. ③ 물·결합재비는 원칙적으로 60% 이하로 하여야 한다.
서중 콘크리트	① 하루 평균기온이 25℃를 초과하는 것이 예상되는 경우 서중 콘크리트로 시공하여야 한다. ② 콘크리트는 비빈 후 즉시 타설하여야 하며, 지연형 감수제를 사용하는 등의 일반적인 대책을 강구한 경우라도 1.5시간 이내에 타설하여야 한다. ③ 콘크리트를 타설할 때의 콘크리트의 온도는 35℃ 이하이어야 한다.

제3절 거푸집공사

01 거푸집과 동바리

기출

03 철근의 피복두께를 유지하기 위해 ( )재를 사용한다.
제21회

거푸집	구비조건	① 거푸집널 또는 패널의 이음은 가능한 한 부재 축에 직각 또는 평행으로 하고, 모르타르가 새어 나오지 않는 구조로 한다. ② 특별히 지정하지 않은 경우라도 콘크리트의 모서리는 모따기가 될 수 있는 구조로 한다.
	설치시 재료	① 긴결재(form tie, 긴장재): 거푸집이 벌어지거나 우그러짐 방지용 철물이다. ② 격리재(separator): 거푸집과 거푸집 간격 유지용 철물이다. ③ 간격재(spacer): 철근과 거푸집의 간격 유지용 철물이다. ④ 고임재(chair): 수평철근의 위치 또는 수평철근과 거푸집의 간격을 일정하게 유지하기 위해 수평철근 아래에 끼우는 부품이다. ⑤ 박리제(form oil): 거푸집 제거시에 콘크리트에서 거푸집을 쉽게 떼어낼 수 있도록 거푸집에 바르는 기름이다.

기출정답
01 4
02 25
03 긴결

동바리	① 동바리는 필요에 따라 적당한 솟음을 둔다. ② 동바리는 상부와 하부가 뒤집혀서 시공되지 않도록 한다. ③ 강관 동바리는 2개 이상을 연결하여 사용하지 말아야 하며, 높이가 3.5m 이상인 경우에는 높이 2m 이내마다 수평연결재를 2개 방향으로 설치하고 수평연결재의 변위가 일어나지 않도록 이음 부분은 견고하게 연결한다. ④ 동바리 하부의 받침판 또는 받침목은 2단 이상 삽입하지 않도록 하고, 작업원의 보행에 지장이 없어야 하며, 이탈되지 않도록 고정시킨다. ⑤ 강관 동바리 설치높이가 4.0m를 초과하거나 슬래브 두께가 1m를 초과하는 경우에는 하중을 안전하게 지지할 수 있는 구조의 시스템 동바리로 사용한다.

02 거푸집 해체기준

① 내구성이 중요한 구조물에서는 콘크리트의 압축강도가 10MPa 이상일 때 거푸집널을 해체할 수 있다.
② 거푸집널 존치기간 중 평균기온이 10℃ 이상인 경우는 콘크리트 재령이 기준재령 이상 경과하면 압축강도시험을 하지 않고도 해체할 수 있다.
③ 슬래브 및 보의 밑면, 아치 내면의 거푸집은 콘크리트의 압축강도가 다음 표를 만족할 때 해체할 수 있다.

부재		콘크리트 압축강도
기초, 보, 기둥, 벽 등의 측면		① 5MPa 이상 ⓒ 내구성이 중요한 구조물의 경우 10MPa 이상
슬래브 및 보의 밑면, 아치 내면	단층구조인 경우	설계기준 압축강도의 2/3배 이상 또한 최소강도 14MPa 이상
	다층구조인 경우	① 설계기준 압축강도 이상 ⓒ 필러 동바리 구조를 이용할 경우는 구조계산에 의해 기간을 단축할 수 있다. 단, 이 경우라도 최소강도는 14MPa 이상으로 한다.

④ 동바리를 해체한 후에 그 당시 재령에서 저항할 수 있는 강도를 초과하는 하중이 해당 부재에 재하될 경우에는 적절한 동바리를 재설치하여야 하며, 연속하여 시공하는 다층 구조의 경우 타설층을 포함하여 최소 3개 층에 걸쳐 동바리를 존치하거나 적절하게 재설치한다.

⚡기출

01 내구성이 중요한 구조물에서 시험에 의해 콘크리트 압축강도가 (   )MPa 이상이면 기둥 거푸집을 해체할 수 있다. 제20회

02 거푸집의 존치기간을 콘크리트 압축강도 기준으로 결정할 경우에 기둥, 보, 벽 등의 측면은 최소 (   )MPa 이상으로 한다. 제24회

기출정답

01 10
02 5

제4절 철근콘크리트구조의 부재 〈빈출〉

01 기둥과 보

기둥	주근	주철근의 개수는 장방형 기둥일 때 최소 4개 이상, 원형 기둥일 때도 최소 4개 이상, 나선철근기둥일 때는 6개 이상을 배치해야 한다.	장방형(사각) 기둥 / 나선기둥
	띠철근	**띠철근의 사용과 배근**	
		구분 / 띠철근기둥 / 나선철근기둥	
		사용목적: ① 전단력에 저항(보강) = (수평력에 저항) ② 주철근의 좌굴방지 ③ 주철근의 위치 고정하여 피복두께 유지 ④ 콘크리트의 횡방향 변형을 억제	
		띠철근의 배근: ① 단부: 많이 배근 ② 중앙부: 적게 배근 / 나선철근의 순간격은 25mm 이상 75mm 이하	
보	주철근	① 보의 주철근은 양단부에서는 상부에, 중앙부에서는 하부에 많이 배근한다. ② 주철근의 이음은 중앙부에서는 상부에, 단부에서는 하부에, 굽힘철근은 절곡부 간사이(span)의 1/4 지점(반곡점)에 둔다.	
	늑근 (스터럽)	① 보의 스터럽(stirrup)은 단부에는 좁게, 중앙부에는 넓게 배근한다. ② 늑근(스터럽, stirrup)의 사용목적 ㉠ 전단력을 보강한다. ㉡ 사인장 균열을 방지(억제)한다. ㉢ 주철근 상호간의 위치를 유지시킨다. ㉣ 적당한 피복두께를 유지시킨다. ㉤ 철근의 조립이 용이하다.	스터럽

⚡ **기출**

01 기둥 띠철근은 주근의 좌굴방지와 (　　)보강의 역할을 한다. 제28회

02 보의 철근이음시 하부주근은 (　　)에서 이음한다. 제23회

03 늑근은 중앙부보다 단부에 (　　) 배근한다. 제26회

04 보 부재의 경우 휨모멘트에 의해 주근을 배근하고, 전단력에 의해 (　　)을 배근한다. 제27회

기출정답
01 전단
02 단부
03 많이
04 스터럽

보의 균열	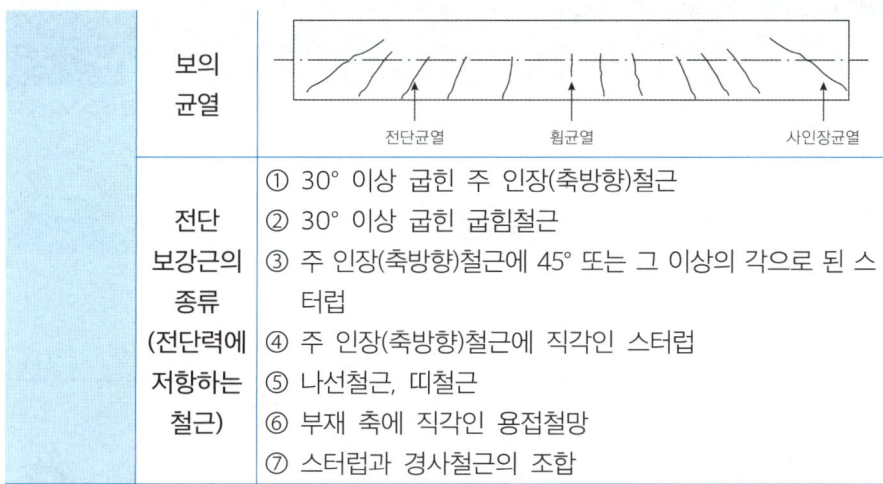	
전단 보강근의 종류 (전단력에 저항하는 철근)	① 30° 이상 굽힌 주 인장(축방향)철근 ② 30° 이상 굽힌 굽힘철근 ③ 주 인장(축방향)철근에 45° 또는 그 이상의 각으로 된 스터럽 ④ 주 인장(축방향)철근에 직각인 스터럽 ⑤ 나선철근, 띠철근 ⑥ 부재 축에 직각인 용접철망 ⑦ 스터럽과 경사철근의 조합	

02 바닥판(slab)

슬래브 철근배근	주철근은 단변방향의 인장철근으로 슬래브 표면 가까이 배근하고, 배력근은 장변방향의 인장철근으로 주철근의 안쪽에 배근한다. 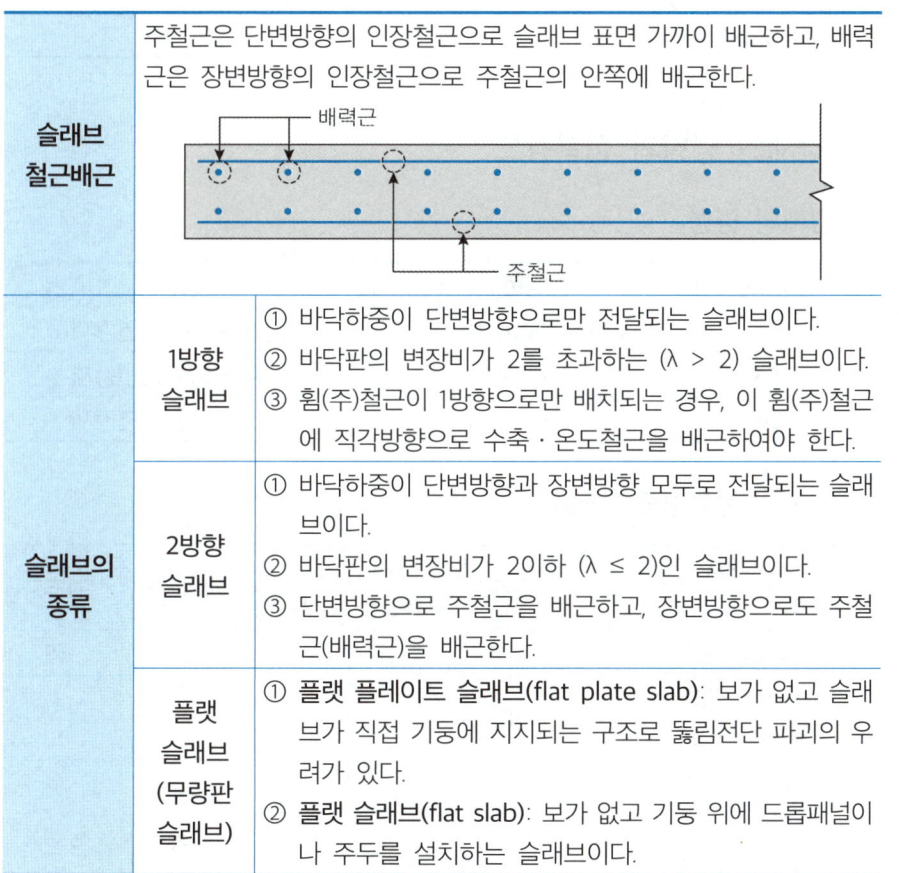	
슬래브의 종류	1방향 슬래브	① 바닥하중이 단변방향으로만 전달되는 슬래브이다. ② 바닥판의 변장비가 2를 초과하는 (λ > 2) 슬래브이다. ③ 휨(주)철근이 1방향으로만 배치되는 경우, 이 휨(주)철근에 직각방향으로 수축·온도철근을 배근하여야 한다.
	2방향 슬래브	① 바닥하중이 단변방향과 장변방향 모두로 전달되는 슬래브이다. ② 바닥판의 변장비가 2이하 (λ ≤ 2)인 슬래브이다. ③ 단변방향으로 주철근을 배근하고, 장변방향으로도 주철근(배력근)을 배근한다.
	플랫 슬래브 (무량판 슬래브)	① 플랫 플레이트 슬래브(flat plate slab): 보가 없고 슬래브가 직접 기둥에 지지되는 구조로 뚫림전단 파괴의 우려가 있다. ② 플랫 슬래브(flat slab): 보가 없고 기둥 위에 드롭패널이나 주두를 설치하는 슬래브이다.

⚡ 기출

01 슬래브 주근은 배력철근 보다 ( )쪽에 배근한다. 제26회

02 1방향 슬래브의 ( ) 방향으로는 건조수축 및 온도변화에 따른 균열방지용 철근을 배근한다. 제27회

03 ( )방향 슬래브의 경우 단변과 장변의 양 방향으로 하중이 전달된다. 제27회

기출정답
01 바깥
02 장변
03 2

제5장 철골(강)구조

기본서 p.122~145

제1절 철골(강)구조의 특성

01 강재의 기계적 특성

연성 (延性, ductility)	탄성한계를 넘는 힘을 가함으로써 물체가 파괴되지 않고 늘어나는 성질로서, 물체를 가공하는 데 있어 아주 중요한 성질이다.	  인성　　취성
인성 (toughness)	큰 변형에너지를 흡수할 수 있는 재료의 능력(끈끈, 압연강)을 말한다.	
취성 (brittleness)	물체에 충격을 가할 때 잘 깨지는 성질을 취성이라 한다.	

02 강재의 명칭과 항복강도

(1) 강재의 명칭

⚡ **기출**

01 ( )은 건축구조용 압연강재를 의미한다. 제27회

기호	영문	명칭
SS	Steel Structure	일반구조용 압연강재
SN	Steel New	건축구조용 압연강재
SM	Steel Marine	용접구조용 압연강재

(2) 강재의 항복강도(MPa)

⚡ **기출**

02 판두께 16mm 초과, 40mm 이하인 경우 SM355의 항복강도는 ( )MPa이다. 제27회

강재기호 판두께	SS235	SS275	SM275 SMA275	SM355 SMA355	SN275	SN355
16mm 초과	235	275	275	355	275	355
16mm 초과 40mm 이하	225	265	265	345		
40mm 초과 75mm 이하	205	245	255	335	255	335
75mm 초과 100mm 이하			245	325		

기출정답

01 SN
02 345

제2절 강재의 접합방식 (빈출)

01 고장력볼트접합

구성	① 고장력볼트는 볼트 1개, 너트 1개, 와셔 2개로 구성되어 있다. ② 와셔의 경도는 침탄, 담금질, 뜨임을 하지 않는 것으로 한다. ③ 볼트와 너트의 조합시 너트는 볼트 강도구분과 같거나 높은 것을 사용할 수 있다.
구멍뚫기	**고장력볼트의 공칭구멍 치수(mm)** <table><tr><td>볼트 직경</td><td>M16</td><td>M20</td><td>M22</td><td>M24</td><td>M27</td><td>M30</td></tr><tr><td>표준 구멍</td><td>18mm</td><td>22mm</td><td>24mm</td><td>27mm</td><td>30mm</td><td>33mm</td></tr><tr><td>여유 치수</td><td colspan="3">+2mm</td><td colspan="3">+3mm</td></tr></table>
고장력볼트의 조임	① 고장력볼트의 체결은 직경별로 1차 조임을 실시하고, 본조임에서 표준 볼트장력이 도입되도록 체결한다. ② 모든 볼트머리와 너트 밑에 각각 와셔 1개씩 끼우고, 너트를 회전시켜서 조인다. 다만, 토크-전단형(T/S) 고장력볼트는 너트측에만 1개의 와셔를 사용한다. ③ 와셔는 볼트머리와 너트에 평행하게 놓아야 한다. ④ 볼트의 조임 및 검사에 사용되는 기기 중 토크렌치와 축력계의 정밀도는 ±3% 오차범위 이내가 되도록 충분히 정비된 것을 사용한다. ⑤ 1차 조임에서 본조임까지 작업은 같은 날 이루어지는 것을 원칙으로 한다. ⑥ 볼트 조임 작업시 본조임은 강우 및 결로 등 습한 상태에서 조임해서는 안 된다. ⑦ 구조물 고장력볼트의 현장시공시 도입장력은 설계볼트장력에 10%를 증가시켜 표준볼트장력이 도입되도록 한다. ⑧ 1차 조임은 접합부 볼트군마다 볼트를 삽입한 후 즉시 중앙부에서 판단부쪽으로 조여간다.

⚡ 기출

01 고장력볼트 F10T-M24의 표준구멍지름은 ( )mm이다. 제27회

02 토크-전단형( ) 고장력볼트는 너트측에만 1개의 와셔를 사용한다. 제21회

⚡ 기출

03 고장력볼트의 경우 표준볼트장력은 설계볼트장력을 ( )% 할증한 값으로 한다 제27회

02 용접접합

용접예열	① 최대예열온도는 250℃ 이하를 원칙으로 한다. ② 이종강재간 용접을 할 경우의 예열은 상위등급의 강종을 기준으로 한다. ③ 예열은 용접선의 양측 100mm 및 아크 전방 100mm의 범위 내의 모재를 최소예열온도 이상으로 가열한다. ④ 모재의 표면온도는 0℃ 이하인 경우, 적어도 20℃ 이상 되도록 예열한다.

기출정답

01 27
02 T/S
03 10

기출

01 필릿용접의 유효( )은 유효목두께에 유효길이를 곱한 것이다. 제27회

그루브용접 (맞댐용접)	① 유효목두께 　㉠ 모재두께가 같을 경우: 모재두께로 한다. 　㉡ 모재두께가 다를 경우: 얇은 쪽의 모재두께로 한다. ② 유효길이: 재축에 직각으로 측정한 접합부의 폭을 의미한다. ③ 유효면적: '유효목두께 × 용접의 유효길이'로 한다.	
필릿용접 (모살용접)	① 필릿용접의 유효목두께는 필릿사이즈의 0.7배로 한다. ② 필릿용접의 유효길이는 필릿용접의 총길이에서 2배의 모살치수를 공제한 값으로 한다. ③ 필릿용접의 용접길이는 유효용접길이에 필릿사이즈의 2배를 더한 값으로 한다. ④ 필릿용접의 최소유효길이는 필릿사이즈의 10배 이상 또한 40mm 이상으로 한다. ⑤ 필릿용접의 유효단면적은 유효길이에 유효목두께를 곱한 것으로 한다.	
용접의 일반사항	① 용접부에서 수축에 대응하는 과도한 구속은 피하고, 용접작업은 조립하는 날에 용접을 완료하여 도중에 중지하는 일이 없도록 해야 한다. ② 항상 용접열의 분포가 균등하도록 조치하고, 일시에 다량의 열이 한 곳에 집중되지 않도록 해야 한다. 이러한 경우가 있을 때에는 용접순서를 조정해야 한다. ③ 완전용입용접을 수동용접으로 실시할 경우의 뒷면은 건전한 용입부까지 가우징한 후 용접을 실시해야 한다. ④ 용접자세는 가능한 한 회전지그를 이용하여 아래보기 또는 수평자세로 한다. ⑤ 아크 발생은 필히 용접부 내에서 일어나도록 해야 한다. ⑥ 맞대기용접에서 용접표면의 마무리 가공이 규정되어 있지 않는 경우에는 판두께의 10% 이하의 보강살 붙임을 한 후 끝마무리를 해야 한다. ⑦ 용접의 시작과 끝의 처리는 엔드탭 위에서 50mm 이상으로 하여 크레이터가 본 부재에 포함되지 않도록 해야 한다. ⑧ 재편의 모서리부에서 끝나는 필릿용접은 모서리부를 돌면서 연속적으로 시공해야 한다.	

기출정답

01 단면적

용접결함			
용접결함	언더컷	용접금속이 홈에 차지 않고 가장자리가 남는 결함이다.	
	슬래그섞임	용접부 내부에 찌꺼기 등이 섞인 것이다.	
	블로홀	용접부 내부에 기포가 생긴 것이다.	
	오버랩	용접부위가 겹쳐진 결함이다.	
	피트	블로홀이나 용융금속이 튀는 현상이 발생한 결과, 용접부의 바깥면에서 나타나는 작고 오목한 구멍이다.	
	용착부족	모재가 완전히 녹아 붙지 않은 부분이 생긴 결함이다.	
	스패터	용접금속의 일부입자가 용접부를 이탈해 용착되는 용융방울이다.	
	크레이터	용접길이의 끝부분이 우묵하게 파여진 결함이다. 엔드탭(end tab)을 설치하여 제거가 가능하다.	

⚡기출

01 ( )은 모재가 녹아 용착금속이 채워지지 않고 홈으로 남는 결함이다. 제16회

02 용접금속과 모재가 융합되지 않고 겹쳐지는 용접결함을 ( )이라고 한다. 제23회

⚡기출

03 아크용접을 할 때 비드(bead) 끝에 오목하게 패인 결함을 ( )라 한다. 제21회

03 병용접합

① 일반볼트접합은 용접과 조합해서 하중을 부담시킬 수 없다. 이러한 경우 용접이 전체하중을 부담하는 것으로 한다.
② 용접과 일반볼트를 원칙적으로 병용해서는 안 되지만, 불가피하게 병용할 경우에는 용접 후에 일반볼트를 조이는 것을 원칙으로 한다.
③ 전단접합에는 용접과 일반볼트의 병용이 허용된다.
④ 마찰볼트접합으로 이미 시공된 구조물을 개축할 경우, 고장력볼트는 이미 시공된 하중을 받는 것으로 가정하고, 병용되는 용접은 추가된 소요강도를 받는 것으로 용접설계를 병용할 수 있다.

기출정답
01 언더컷
02 오버랩
03 크레이터

제3절 철골(강)구조의 부재

01 보의 종류

⚡ **기출**

01 H형강보에서 스티프너는 (　　)보강, 덧판(cover plate)은 (　　)보강에 사용된다. 제20회

판보(플레이트보)	커버 플레이트	플랜지 플레이트의 휨, 처짐, 인장력을 보강하는 부재
	플랜지 플레이트	휨, 처짐, 인장력에 저항하는 부재
	웨브 플레이트	전단력에 저항하는 부재
	스티프너	좌굴을 방지하고 전단력에 저항하는 부재
합성보	*	① 2종류 이상의 재료를 조합하여 일체로 되어 작용되도록 만든 보이다. ② 철골보와 콘크리트 슬래브를 전단연결재인 시어커넥터(shear connector)로 연결, 일체화시켜 전단력에 저항한다.

02 내화피복공법

⚡ **기출**

02 미장공법은 시공면적 (　　)m^2당 1개소 단위로 핀 등을 이용하여 두께를 확인한다. 제26회

미장·뿜칠공법	① 미장공법의 시공시에는 시공면적 5m^2당 1개소 단위로 핀 등을 이용하여 두께를 확인하면서 시공한다. ② 뿜칠공법의 경우 시공 후 두께나 비중은 코어를 채취하여 측정한다. ③ 측정 빈도는 층마다 또는 바닥면적 500m^2마다 부위별 1회를 원칙으로 하고, 1회에 5개소로 한다.
조적·붙임·멤브레인·도장공법	시공 빈도는 층마다 또는 바닥면적 500m^2마다 부위별 1회로 하며, 1회에 3개소로 한다.
주의사항	① 상대습도가 70%를 초과하는 조건은 내화피복재 내부에 있는 강재에 지속적으로 부식이 진행되므로 습도에 유의한다. ② 내화피복재는 뿜칠작업 완료 즉시 과도하게 스프레이된 것이나 다른 제작물에 묻은 것을 제거하고 노출된 면을 청소한다.

기출정답

01 전단, 휨
02 5

제6장 지붕공사

기본서 p.150~155

제1절 물매의 종류 〈빈출〉

	지붕의 종류	물매
표준시방서	평지붕	지붕의 경사가 1/6 이하인 지붕
	완만한 경사 지붕	지붕의 경사가 1/6~1/4 미만인 지붕
	일반경사 지붕	지붕의 경사가 1/4~3/4 미만인 지붕
	급경사 지붕	지붕의 경사가 3/4 이상인 지붕

	지붕 재료	물매
지붕경사	평잇기 금속 지붕	1/2 이상
	기와지붕 및 아스팔트 싱글 (단, 강풍 지역인 경우에는 1/3 미만으로 할 수 있다)	1/3 이상
	금속 기와	1/4 이상
	금속판 지붕 (일반적인 금속판 및 금속패널 지붕)	
	금속 절판(단, 금속 지붕 제조업자가 보증하는 경우 1/50 이상)	
	합성고분자 시트 지붕	1/50 이상
	아스팔트 지붕	
	폼스프레이 단열 지붕의 경사	

한식지붕	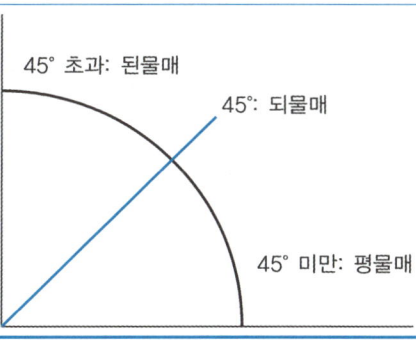

⚡ 기출

01 평지붕이란 지붕의 경사가 (　) 이하인 지붕이다.
　　제28회

⚡ 기출

02 일반적인 금속판 및 금속패널 지붕: (　) 이상
　　제21회

03 되물매란 경사가 (　)° 일 때의 물매를 말한다.
　　제27회

기출정답
01 1/6
02 1/4
03 45

제2절 홈통공사

처마홈통	① 처마홈통이 직각으로 만나는 귀퉁이는 연귀이음으로 가공 설치한다. ② 이음부의 겹침폭은 25mm 이상으로 경사방향에 위치한 부재의 이음부가 아래에 위치하도록 설치한다. ③ 처마홈통의 외단부의 높이는 처마쪽 처마홈통의 높이보다 최소 25mm 또는 처마홈통 최대폭의 1/12 중 큰 치수 이상으로 높이가 낮게 제작한다. ④ 경사 지붕의 처마홈통의 바깥쪽 상단부의 높이는 지붕경사의 연장선과 일치하도록 제작하며, 지붕의 경사면을 자연적으로 흘러내리는 빗물이 유속으로 인하여 처마홈통의 외부로 넘치지 않도록 제작·설치한다. ⑤ 처마홈통의 폭은 최소 100mm 이상으로 제작하고 폭(최대 폭)과 깊이의 비례는 최소 4(폭) : 3(깊이)의 비례로 제작한다.
선홈통	① 선홈통은 최장길이 3,000mm 이하로 제작·설치한다. ② 선홈통의 끝단은 길이방향으로 최소 15mm 이상 끼워 잠글 수 있는 구조로 제작·설치한다. ③ 선홈통과 벽면 사이에 이격거리는 최소 30mm 이상의 간격을 유지한다. ④ 선홈통 걸이의 설치는 상단과 하단에서 거리 200mm 정도 되는 위치에 설치하고, 그 중간에는 1,500mm 정도의 간격으로 등거리가 유지되도록 설치한다. ⑤ 선홈통의 하단부 배수구는 45° 경사로 건물 바깥쪽을 향하게 설치한다.

⚡기출

01 선홈통과 벽면 사이의 이격거리는 (　)mm 이상의 간격을 유지한다. 제20회

기출정답

01 30

제7장 방수 및 방습공사

기본서 p.158~172

제1절 방수공사 〈빈출〉

01 아스팔트 방수

(1) 아스팔트의 비교

구분	상태	연화점	침입도	사용처	용도
스트레이트 아스팔트	물렁하다	낮다	크다	지하실, 실내	루핑, 펠트 침투용
블로운 아스팔트	딱딱하다	높다	작다	지붕, 옥상	아스팔트 프라이머 원료

(2) 시공시 주의사항

① 평면부와 치켜올림부의 오목 및 볼록모서리에는 너비 300mm 정도의 스트레치 루핑을 바름한다.
② 지붕 슬래브, 실내의 바닥 등에서 현장타설 철근콘크리트, 콘크리트 평판류, 아스팔트 콘크리트, 자갈 등으로 방수층을 보호할 경우, 바탕의 물매는 1/100~1/50로 하고, 방수층 마감을 보호도료(top coat) 도포로 하거나 또는 마감하지 않을 경우에는 바탕의 물매를 1/50~1/20로 한다.
③ 오목모서리에서 아스팔트 방수층의 경우에는 삼각형으로, 아스팔트 외의 방수층은 직각으로 면처리되어 있어야 한다.
④ 볼록모서리는 각이 없이 완만하게 면처리되어 있어야 한다.

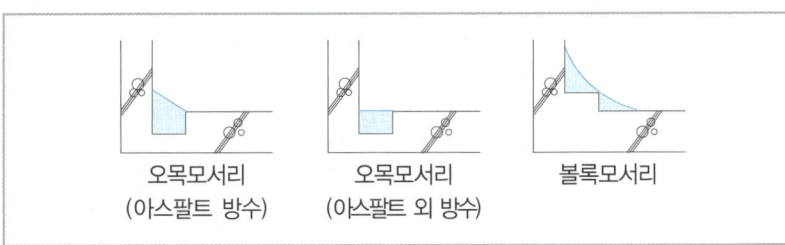

오목모서리 (아스팔트 방수) / 오목모서리 (아스팔트 외 방수) / 볼록모서리

⑤ 건조를 전제로 하는 방수공법을 적용할 경우의 바탕표면 함수상태는 8% 이하로 충분히 건조되어 있어야 하고, 습윤상태에서도 사용 가능한 방수공법을 적용할 경우에는 바탕의 표면 함수상태가 30% 이하이어야 한다.

⚡기출

01 볼록, 오목모서리 부분은 일반 평면부의 루핑을 붙이기 전에 폭 ( )mm 정도의 스트레치 루핑을 사용하며 균등하게 덧붙임한다.
제17회

⚡기출

02 건조한 바탕을 전제로 할 때, 바탕면 함수상태는 ( )% 이하로 관리하여야 한다. 제28회

기출정답
01 300
02 8

02 시멘트 모르타르계 방수

(1) 시공시 주의사항

① 방수 시멘트 페이스트의 경우에는 시멘트를 먼저 2분 이상 건비빔한 다음에 소정의 물로 희석시킨 방수제를 혼입하여 균질하게 될 때까지 5분 이상 비빈다.
② 방수 모르타르의 경우에는 모래, 시멘트의 순으로 믹서에 투입하고 2분 이상 건비빔한 다음에 소정의 물로 희석시킨 방수제를 혼입하여 균질하게 될 때까지 5분 이상 비빈다.
③ 방수 시멘트 모르타르의 비빔 후 사용 가능한 시간은 20℃에서 45분 정도가 적정하다.
④ 각 공정의 이어 바르기의 겹침폭은 100mm 정도로 하여 소정의 두께로 조정하고, 끝부분은 솔로 바탕과 잘 밀착시킨다.
⑤ 각 층의 시공간격은 온도 20℃에서 5~6시간을 표준으로 한다.

⚡기출
01 시멘트 액체방수시 치켜올림 부위의 겹침폭은 (   )mm 이상으로 한다. 제27회

(2) 아스팔트 방수와 시멘트 모르타르계 방수의 비교

구분	아스팔트 방수	시멘트 액체방수
방수의 수명	비교적 수명이 길다.	비교적 수명이 짧다.
온도에 의한 영향	작다	크다(직감적이다)
방수층의 신축성	크다	거의 없다.
균열발생 정도	작다	크다
시공용이성	복잡하다	용이하다
공사기간	길다	짧다
공사비·보수비	비싸다	싸다
보호누름	반드시 필요하다.	없어도 된다.
방수층 중량	무겁다	가볍다
바탕면 상태	바탕면이 나빠도 시공이 용이하다.	바탕면이 나쁘면 시공이 곤란하다.
결함부 발견	어렵다	용이하다
보수범위	매우 넓고 보수도 어렵다.	부분적으로 보수가 용이하다.
바탕처리	완전건조상태, 바탕면 평평	반건조상태, 바탕면 처리 불필요

⚡기출
02 아스팔트 방수는 보호누름이 (   )하다. 제20회

기출정답
01 100
02 필요

03 개량아스팔트 시트방수

① 개량아스팔트 방수시트는 토치로 개량아스팔트 시트의 뒷면과 바탕을 균일하게 가열하여 개량아스팔트를 용융시키고, 눌러서 붙이는 방법을 표준으로 한다.
② 개량아스팔트 방수시트의 상호 겹침은 길이방향으로 200mm, 너비방향으로는 100mm 이상으로 하고, 물매의 낮은 부위에 위치한 시트가 겹침 시 아래면에 오도록 접합시킨다.
③ 지하 외벽 및 수영장 등의 벽면에서 개량아스팔트 방수시트 붙이기는 미리 개량아스팔트 방수시트를 2m 정도로 재단하여 시공한다.
④ 오목모서리와 볼록모서리 부분은 일반 평면부에서의 개량아스팔트 방수시트 붙이기에 앞서 너비 200mm 정도의 덧붙임용 시트로 처리한다.

04 도막방수

[시공시 주의사항]

① 보강포 붙이기는 치켜올림 부위, 오목모서리, 볼록모서리, 드레인 주변 및 돌출부 주위에서부터 시작한다.
② 보강포의 겹침은 50mm 정도로 한다.
③ 치켜올림 부위를 도포한 다음, 평면 부위의 순서로 도포한다.
④ 방수재의 겹쳐 바르기는 원칙적으로 앞공정에서의 겹쳐 바르기 위치와 동일한 위치에서 하지 않고, 도포방향은 앞공정에서의 도포방향과 직교하여 실시하며, 겹쳐 바르기 또는 이어 바르기의 너비는 100mm 내외로 한다.
⑤ 도막 두께는 원칙적으로 사용량을 중심으로 관리한다.
⑥ 도막 방수층의 설계 두께는 건조막 두께를 기준으로 관리한다.

05 실링방수

[시공시 주의사항]

① 워킹 조인트의 경우에는 줄눈바닥에 접착시키지 않는 2면 접착의 줄눈구조로 한다.
② 논워킹 조인트의 경우에는 3면 접착의 줄눈구조를 표준으로 한다.

선생님 TIP

개량아스팔트 시트방수와 아스팔트 방수와의 덧붙임용 시트길이가 다르다는 점에 주의하여 학습한다.

⚡기출

01 오목 및 볼록모서리 부분은 일반 평면부에서의 개량아스팔트시트 붙이기에 앞서 폭 (　)mm 정도의 덧붙임용 시트로 처리한다.
제15회

⚡기출

02 도막방수에서 방수재의 겹쳐 바르기 또는 이어 바르기 폭은 (　)mm로 한다.
제19회

기출정답

01 200
02 100

③ 기온이 현저하게 낮거나(5℃ 이하) 또는 너무 높을 경우(30℃ 이상, 구성부재의 표면온도가 50℃ 이상)에는 시공을 중지한다.
④ 습도가 너무 높을 경우(85% 이상)에는 시공을 중지한다.
⑤ 이음 실링 부위는 줄눈의 교차부, 코너부를 피하고 경사이음으로 한다.

06 바깥방수와 안방수

> **기출**
> 01 안방수는 바깥방수에 비해 수압이 (   )고 얕은 지하실 방수공사에 적합하다.
> 제27회

구분		바깥방수	안방수
사용장소		수압이 큰 지하실에 적당하다.	수압이 작은 지하실에 적당하다.
공사 시기	바닥	본공사 전에 실시한다.	자유롭게 선택할 수 있다.
	벽체	벽체 공사 후에 실시한다.	
공사의 용이성		복잡하고 어렵다.	용이하다
경제성		고가이다	저렴하다
내수압 처리		수압에 잘 견딘다.	수압에 약하다.
보호 누름	바닥	필요 없다	필요하다
	벽체	필요하다	
방수층 보수		불가능하다	가능하다

제2절 방습공사

신축성 시트계	① 비닐 필름 방습지 ② 폴리에틸렌 방습층 ③ 교착성이 있는 플라스틱 아스팔트 방습층 ④ 방습층 테이프
시공시 주의사항	① 콘크리트, 블록, 벽돌 등의 벽체가 지면에 접하는 곳은 지상 100~200mm 내외 위에 수평으로 방습층을 설치한다. ② 아스팔트 펠트, 아스팔트 루핑 등의 너비는 벽체 등의 두께보다 15mm 내외로 좁게 하고, 직선으로 잘라 쓴다. 이음은 100mm 이상 겹쳐 아스팔트로 교착한다. ③ 방수 모르타르의 바름 두께 및 회수는 정한 바가 없을 때 두께 15mm 내외의 1회 바름으로 한다.

> **기출**
> 02 콘크리트, 블록, 벽돌 등의 벽체가 지면에 접하는 곳은 지상 (   )mm 내외 위에 수평으로 방습층을 설치한다.
> 제3회

기출정답
01 작
02 100~200

제8장 수장공사

기본서 p.176~181

차음과 방음	구분	차음	방음
	소리에너지	투과 방지(반사)	반사 방지(흡음)
	표면형태	평평하고 매끄럽다.	거칠고 울퉁불퉁하다.
	흡음률	낮은 재료	높은 재료
	무게	무겁다	가볍다
	대표재료	철근콘크리트, 타일, 모르타르, 철판	텍스, 코펜하겐 리브, 글라스 울
	사용처	구조재	마감재

내단열과 외단열	구분	내단열	외단열
	예열시간	짧다	길다
	지역	온난지역	한랭지역
	단열성능(효과)	나쁘다	우수하다
	결로발생	자주 발생	거의 없다
	방습층 설치 위치	고온측	실외측
	공사비	저렴	고가
	작업성	좋다	나쁘다

결로 대책	① 실내 측벽의 표면온도를 실내공기의 노점온도보다 높게 한다. ② 환기를 철저히 한다. ③ 벽체의 열관류저항을 크게 한다. ④ 각 실간의 온도차를 작게 한다. ⑤ 실내 수증기 발생을 억제한다. ⑥ 벽에 방습층을 설치한다. ⑦ 외단열로 철저히 시공한다.

제9장 창호 및 유리공사

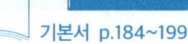
기본서 p.184~199

제1절 창호공사 빈출

01 창호부재의 명칭

⚡ 기출

01 (　　)는 미닫이 또는 여닫이 문짝이 서로 맞닿는 선대를 말한다. 제20회

02 (　　)은 창 면적이 클 때, 스틸바만으로는 부족하여 이를 보강하기 위해 강판을 중공형으로 접어 가로 또는 세로로 대는 것이다. 제24회

마중대와 여밈대	(그림: 마중대, 여밈대)
풍소란	미세기문에 방풍목적으로 마중대와 여밈대가 서로 접하는 부분에 틈새가 나지 않도록 한 것이다.
멀리온	창 면적이 클 때 창의 보강 및 미관을 위하여 강판을 중공형으로 접어 가로·세로로 댄 것으로, 문을 여닫을 때 진동으로 인해 유리가 파손되는 것을 방지하기 위해 설치한다.

02 창호철물

⚡ 기출

03 나이트래치는 (　　)창호의 선대에 달아 잠그는 데 사용되는 철물이다. 제20회

04 크레센트는 (　　)창과 (　　)창의 잠금장치이다. 제26회

기출정답

01 마중대
02 멀리온
03 여닫이
04 미세기, 오르내리

도어볼트	미세기 등을 꽂아 잠그게 하는 것
나이트래치	외부에서는 열쇠로, 내부에서는 손잡이를 틀어 열 수 있는 실린더장치의 자물쇠
실린더 자물쇠	여닫이문 손잡이 속에 장착한 버튼을 누르면 외부에서 열지 못하게 한 창호철물
크레센트	오르내리창이나 미세기창의 잠금장치

오르내리 꽂이쇠	여닫이창호에 상하 고정용으로 달아 개폐상태를 유지하는 데 사용	
도어체크 (도어클로저)	문틀과 문짝에 설치하여 열려진 여닫이문을 자동으로 닫히게 하는 장치	
도어스톱	열려진 여닫이문을 받아 충돌에 의한 벽의 파손을 보호하고 문을 고정시키는 장치	
창개폐 조정기	여닫이창 등을 열어 젖혀 바람에 휘날리지 않게 고정하고 조정하는 장치	
경첩	여닫이창호를 문틀에 달아 여닫게 하는 철물	
플로어힌지	중량문의 자재문에 사용되며, 문의 바닥에 설치하여 문이 열리면 자동으로 닫히게 한 장치	
피벗힌지	중심축 달기 경첩으로 가장 무거운 여닫이문에 사용	
스프링힌지 (자유경첩)	안과 밖으로 모두 여닫을 수 있어 자재문에 사용	
레버토리 힌지	여닫이문에 사용되는 철물로 문이 자동으로 닫히지만 10~15cm 정도 열려 있게 한 경첩	

⚡기출

01 플로어힌지는 바닥에 설치하여 한쪽에서 열고나면 저절로 닫혀지는 철물로 중량이 큰 ( )에 사용된다.
제25회

02 ( )힌지는 문이 저절로 닫히지만 15cm 정도 열려 있도록 하는 철물이다.
제27회

제2절 유리공사 빈출

01 유리의 종류

망입유리	유리 안에 철망이 삽입되어 있는 유리로 방범, 방화의 용도로 쓰이는 안전유리	

기출정답
01 자재문
02 레버토리

기출

01 ( )유리는 단열, 보온, 방음, 결로방지 효과가 우수하다. 제26회

02 ( )유리는 파손시 유리파편의 비산을 방지할 수 있다. 제27회

03 강화유리는 판유리를 연화점 ( )으로 열처리한 후 급랭한 것이다. 제26회

기출

04 로이유리는 일반유리에 얇은 금 막을 코팅하여 열의 이동을 최소화시켜 ( )을 도모한 것이다. 제15회

05 ( )유리는 판유리의 한쪽 면에 세라믹질 도료를 코팅하여 불투명하게 제작한 유리이다. 제25회

06 ( )유리는 판유리 표면에 금속산화물의 얇은 막을 코팅하여 입힌 유리로서, 경면효과가 발생하는 성질을 갖는다. 제25회

기출정답
- 01 복층
- 02 접합
- 03 이상
- 04 에너지의 절약
- 05 스팬드럴
- 06 열선반사

종류	설명
프리즘유리 (포도유리)	지하실 창이나 지하실 평지붕 천장 등에 설치하여 굴절 채광용으로 사용
복층유리 (이중유리)	① 두 장의 유리판 사이에 간격을 두고 여기에 건조공기, 질소, 아르곤 가스 등을 봉입한 유리로 단열, 방음효과가 우수하여 외벽용 유리로 사용 ② 복층유리는 미리 공장에서 제작 생산되므로 제작 후의 절단 및 가공은 불가능
접합유리	① 2매 이상의 유리를 합성수지로 접착한 것으로 고층건물이나 방탄유리로 사용 ② 유리파손시 파편이 적게 발생하여 사람에게 피해를 최소화시키는 안전유리
강화유리	① 연화점 이상으로 가열한 다음 균등하게 급격히 냉각시켜 열처리한 안전유리 ② 절단, 절단면처리, 구멍뚫기, 따내기 등은 강화가공 전에 실시
배강도유리	연화점 이하의 온도로 가열 후 양 표면에 냉각공기를 흡착시켜 압축 응력층을 갖도록 한 가공유리
로이유리	에너지절약형 유리
에칭유리	유리표면을 마모시켜 일정한 모양의 문양이나 그림 등을 그려내는 유리
스팬드럴 유리	세라믹질의 도료를 코팅한 다음 고온에서 융착·반강화시킨 불투명의 장식용 유리
스테인드 유리	무늬를 새긴 착색유리
무늬유리	무늬가 있는 로울러로 압연성형(roll-out 방식)한 판유리
열선흡수 유리	태양광의 적외선 성분 및 가시광선 일부가 흡수되도록 한 유리
열선반사 유리	태양열의 반사성능을 높여 건물 내부의 냉방효과를 높이는 역할을 하는 유리

02 유리의 일반사항

유리의 제품 성능		① 수직에서 15° 미만의 기울기로 시공된 수직유리는 풍하중에 의한 파손확률이 1천장당 8장을 초과하지 않아야 한다. ② 수직에서 15° 이상 기울기로 시공된 경사유리는 풍하중에 의한 파손확률이 1천장당 1장을 초과하지 않아야 한다.
공사시 사용재료	세팅블록	① 세팅블록을 유리폭의 1/4 지점에 각각 1개씩 설치하여 유리의 하단부가 하부 프레임에 닿지 않도록 해야 한다. ② 폭은 유리두께보다 3mm 이상 넓어야 한다.
	개스킷	개스킷은 유리의 각 변길이보다 약간 길게 하며, 중앙에서 모서리쪽으로 비드홈에 정확히 물리도록 일정한 힘으로 끼워야 한다.
	백업재	백업재는 3면 접착을 방지하고 일정한 시공면을 얻기 위해 사용되며, 변형 줄눈을 조정하고 줄눈깊이 조정을 위해 충전한다.
시공시 주의사항		① 현장에 반입되는 모든 재료는 제조회사의 상표가 표기되어 있어야 하며, 목재상자, 팔레트로 운반해 온 유리는 그대로 보관한다. ② 목재상자, 팔레트가 없는 경우 벽, 바닥에 고무판, 나무판을 대고 유리를 세워두며, 유리와 유리 사이에는 코르크판 등 완충재를 끼워 보관한다. ③ 복층유리는 20매 이상 겹쳐서 적치하여서는 안 되며, 각각의 판유리 사이는 완충재를 두어 보관한다. ④ 항상 4℃ 이상의 기온에서 시공하여야 하며, 더 낮은 온도에서 시공해야 할 경우, 실란트 시공시 피접착 표면은 반드시 용제로 닦은 후 마른 걸레로 닦아 내고 시공해야 한다. ⑤ 시공 도중 김이 서리지 않도록 환기를 잘해야 하며, 실란트 작업의 경우 상대습도 90% 이상이면 작업을 하여서는 안 된다. ⑥ 배수구멍은 일반적으로 5mm 이상의 직경으로 2개 이상이어야 하며, 복층유리, 접합유리, 망입유리 등의 경우 단부가 습기 및 침투구에 장기간 노출되지 않도록 한다. ⑦ 세팅블록을 유리폭의 1/4 지점에 각각 1개씩 설치하여 유리의 하단부가 하부 프레임에 닿지 않도록 해야 한다. ⑧ 외부창호의 유리 끼우기는 내부마감공사 직전에 하는 것이 좋다.

⚡기출

01 세팅블록은 유리폭의 ( ) 지점에 각각 1개씩 설치하여 유리의 하단부가 하부 프레임에 닿지 않도록 해야 한다. 제28회

⚡기출

02 실란트 작업은 상대습도가 ( )% 이상이면 작업을 하여서는 안 된다. 제28회

기출정답

01 1/4
02 90

제10장 미장 및 타일공사

기본서 p.204~215

제1절 미장공사 (빈출)

미장재료

기경성 재료와 수경성 재료의 비교

구분	경화시간	강도	균열발생	시공성	대표재료
기경성 재료	느리다	작다	작다	용이	진흙, 석회
수경성 재료	빠르다	크다	크다	불편	석고, 시멘트

미장용 철물

코너비드	벽, 기둥 등의 모서리를 보호하기 위하여 미장 마감질을 할 때 붙이는 보호용 철물
논슬립	계단의 디딤판 끝에 설치하여 미끄럼방지를 위해 설치

시멘트 모르타르 바름

① 콘크리트, 콘크리트 블록 등의 바탕으로 덧붙임 손질을 요하는 것은 모르타르로 요철을 조정하고 긁어놓은 다음, 2주 이상 가능한 한 오래 방치한다.
② 1회 비빔량은 2시간 이내 사용할 수 있는 양으로 한다.
③ 초벌바름 또는 라스먹임은 2주일 이상 방치하여 바름면 또는 라스의 겹침 부분에서 생길 수 있는 균열이나 처짐 등 흠을 충분히 발생시키고, 심한 틈새가 생기면 다음 층 바름 전 덧먹임을 한다.
④ 재료의 배합은 마무리의 종류, 바름층 등에 따라 다르지만 원칙적으로 바탕에 가까운 바름층일수록 부배합, 정벌바름에 가까울수록 빈배합으로 한다.
⑤ 결합재와 골재 및 혼화재의 배합은 용적비로, 혼화제, 안료, 해초풀 및 짚 등의 사용량은 결합재에 대한 질량비로 표시하는 것을 원칙으로 한다.
⑥ 압송뿜칠기계에 사용하는 재료의 비빔은 반드시 기계비빔으로 한다.
⑦ 콘크리트바탕 등의 표면 경화 불량은 두께가 2mm 이하의 경우에 와이어브러시 등으로 불량부분을 제거한다.

⚡기출

01 석고플라스터는 ( )성으로 경화속도가 ( ) 작업시간에 제한이 있다.
제27회

⚡기출

02 시멘트 모르타르 바름시 초벌바름은 ( )배합, 재벌 및 정벌바름은 ( )배합으로 부착력을 확보한다.
제27회

03 콘크리트바탕의 표면 경화 불량은 두께가 ( )mm 이하의 경우에 와이어브러시 등으로 불량부분을 제거한다.
제28회

기출정답

01 수경, 빨라
02 부, 빈
03 2

제2절 타일공사 〈빈출〉

01 타일의 종류

재료별 종류	종류	흡수율	사용장소	주 용도
	도기질	18% 이하	내장용	내부의 바닥 및 벽, 물사용 안 하는 곳
	석기질	5% 이하	내장·외장용	내·외부용, 미끌림방지용
	자기질	3% 이하	내장·외장용	내·외부용, 동해방지용

재질과 용도	① 외장용 타일은 자기질 또는 석기질로 하고, 내동해성이 우수한 것으로 한다. ② 내장용 타일은 도기질 또는 석기질 또는 자기질로 하고, 한랭지 및 이와 준하는 장소의 노출된 부위에는 자기질, 석기질로 한다. ③ 바닥용 타일은 유약을 바르지 않고, 재질은 자기질 또는 석기질로 한다.

> ⚡ **기출**
>
> **01** 타일 제품의 흡수성이 높은 순서는 토기질, ( )질, ( )질, ( )질의 순이다. 제26회
>
> **02** 도기질 타일은 자기질 타일에 비하여 흡수율이 높으며, ( )용으로 사용한다. 제17회

02 벽타일붙임공법

외장	• 떠붙이기 • 판형붙이기 • 압착붙이기 • 개량압착붙이기 • 동시줄눈붙이기	내장	• 떠붙이기 • 판형붙이기 • 낱장붙이기 • 접착제붙이기

떠붙이기	① 붙임 모르타르의 두께는 12~24mm를 표준으로 한다. ② 모서리에 모르타르가 충전이 되지 않아 모서리 파손의 위험이 발생한다.
압착붙이기	① 붙임 모르타르의 두께는 타일두께의 1/2 이상으로 하고, 5~7mm를 표준으로 하여 붙임 바탕에 바른다. ② 타일의 1회 붙임 면적은 모르타르의 경화속도 및 작업성을 고려하여 1.2m² 이하로 한다. ③ 벽면의 위에서 아래로 붙여 나가며, 붙임 시간은 모르타르 배합 후 15분 이내로 한다.

> **기출정답**
>
> 01 도기, 석기, 자기
> 02 내장

기출

01 전용 전동공구(vibrator)를 사용해 타일을 눌러 붙여 면을 고르고, 줄눈 부분의 배어나온 모르타르를 줄눈봉으로 눌러서 마감하는 공법은 ( )붙이기이다. 제23회

개량압착 붙이기	① 바탕면 붙임 모르타르의 1회 바름 면적은 1.5m² 이하로 하고, 붙임 시간은 모르타르 배합 후 30분 이내로 한다. ② 벽면의 위에서 아래로 향해 붙인다.
동시줄눈 붙이기	① 붙임 모르타르를 바탕면에 5~8mm로 바르고 자막대로 눌러 평탄하게 한다. ② 1회 붙임 면적은 1.5m² 이하로 하고, 붙임 시간은 20분 이내로 한다. ③ 타일은 한 장씩 붙이고 반드시 타일면에 수직하여 충격공구로 좌, 우, 중앙의 3점에 충격을 가해 붙인다.
접착제 붙이기	① 내장공사에 한하여 적용한다. ② 붙임 바탕면을 여름에는 1주 이상, 기타 계절에는 2주 이상 건조시킨다. ③ 접착제의 1회 바름은 2m² 이하로 하고, 접착제용 흙손으로 바른다.

03 타일의 시공

줄눈 너비	구분	대형벽돌형(외부)	대형(내부 일반)	소형
	줄눈 너비	9mm	5~6mm	3mm

접착력 시험	① 타일의 접착력 시험은 일반건축물의 경우 타일면적 200m²당, 공동주택은 10호당 1호에 한 장씩 시험한다. ② 시험은 타일 시공 후 4주 이상일 때 실시한다. ③ 시험결과의 판정은 타일 인장 부착강도가 0.39N/mm² 이상이어야 한다.
시공시 주의사항	① 한중공사시에는 시공면을 보호하고 동해 또는 급격한 온도변화에 의한 손상을 피하도록 하기 위해 외기의 기온이 2℃ 이하일 때에는 타일작업장 내의 온도가 10℃ 이상이 되도록 보양한다. ② 타일을 붙인 후 3일간은 진동이나 보행을 금한다. ③ 줄눈넣기가 완료된 후 7일 동안은 바닥에 설치된 타일 위를 보행하거나 통행해서는 안 된다. ④ 벽체 타일이 시공되는 경우 바닥 타일은 벽체 타일을 먼저 붙인 후 시공한다. ⑤ 벽 타일붙이기에서 타일 측면이 노출되는 모서리 부위는 코너 타일을 사용하거나, 모서리를 가공하여 측면이 직접 보이지 않게 한다. ⑥ 타일을 붙이고, 3시간이 경과한 후 줄눈파기를 하여 줄눈부분을 충분히 청소하며, 24시간이 경과한 뒤 붙임 모르타르의 경화 정도를 보아, 작업 직전에 줄눈 바탕에 물을 뿌려 습윤시킨다.

기출

02 접착력 시험결과의 판정은 인장 부착강도가 ( )N/mm² 이상이어야 한다. 제28회

03 치장줄눈은 타일 부착 ( )시간 정도 경과 후 줄눈파기를 실시한다. 제26회

기출정답
01 동시줄눈
02 0.39
03 3

제11장 도장공사 및 적산

기본서 p.220~227

제1절 도장공사 빈출

유성도료	① 내후성·내수성이 우수하고 피막이 경도가 커 옥내·옥외용으로 사용한다. ② 콘크리트, 모르타르, 회반죽 등의 알칼리성에 약해 사용을 금지한다. ③ 광택이나 목재, 철재 등에 칠한다.
수성도료	**종류** ① **수성 카세인 페인트**: 내수성이 없어 외부용으로 사용이 금지되며, 주로 내부용으로 사용된다. ② **수성 에멀전 페인트**: 수성페인트와 소량의 기름을 혼합한 형태의 페인트로, 외부와 내부 모두 사용이 가능하다. **특징** ① 알칼리에 강해 콘크리트, 모르타르, 회반죽 등의 면에 칠할 수 있다. ② 광택이 없어 눈부심이 없다. **주의사항** ① 외부용 도장의 경우 내구성 확보를 위해 사용 가능한 1급을 사용하고, 2급 제품을 사용할 경우 요구되는 품질기준에 적합한 제품으로 한다. ② 5℃ 이하의 온도에서 도장시 동결 또는 균열 및 도막형성이 되지 않으므로 도장을 피한다. ③ 부착성을 고려하여 과다한 희석은 피한다. ④ 0℃ 이하일 때는 저장이나 운반 도중 얼지 않도록 하여야 한다. ⑤ 가능한 희석하지 않고 새김질을 먼저 하여 색깔 차이를 줄이도록 한다.
바니시	① 목재면 도장일 때 바니시 도장은 바탕만들기와 내부·외부 바니시 도장의 2공정으로 나눈다. ② 바니시를 도장할 때는 바니시 솔을 써서 나뭇결에 따라 평행이동해야 하고, 될 수 있는 대로 한 붓으로 도장한다. 붓칠의 끝자리에 남은 도장은 가볍게 솔로 훑어낸다. ③ 바니시 도장은 특히 습기에 주의하고, 습도 85% 이상일 때는 도장해서는 안 된다.
스프레이 도장공법	① 스프레이의 공기압은 0.2~0.4N/mm²를 표준으로 한다. ② 도장거리는 스프레이 도장면에서 300mm를 표준으로 하고 압력에 따라 가감한다. ③ 스프레이할 때에는 매끈한 평면을 얻을 수 있도록 하고, 항상 평행이동하면서 운행의 한 줄마다 스프레이 너비의 1/3 정도를 겹쳐 뿜는다.

기출

01 5℃ 이하의 온도에서 (   ) 도료 도장공사는 피한다. 제18회

기출

02 뿜칠공사에서 건(spray gun)은 도장면에서 (   ) mm 정도 거리를 두어서 시공하고, 도장면과 평행이동하여 뿜칠한다. 제23회

기출정답
01 수성
02 300

④ 각 회의 스프레이 방향은 전회의 방향에 직각으로 한다.
⑤ 매 회의 에어스프레이는 붓도장과 동등한 정도의 두께로 하고, 2회분의 도막 두께를 한 번에 도장하지 않는다.
⑥ 마감된 금속표면은 별도의 지시가 없으면 도금된 표면, 스테인리스강, 크롬도금판, 동, 주석 또는 이와 같은 금속으로 마감된 재료는 도장하지 않는다.
⑦ 움직이는 품목 및 라벨의 움직이는 운전부품, 기계 및 전기부품으로 밸브, 댐퍼 동작기, 감지기 모터 및 송풍기 샤프트는 특별한 지시가 없으면 도장하지 않는다. 단, 라벨에도 도장하지 않는다.

기출

01 도금된 표면, 스테인리스강, 크롬판, 동, 주석 또는 이와 같은 금속으로 마감된 재료는 별도의 지시가 없으면 도장(　)다. 제14회

제2절 적산 〈빈출〉

적산과 견적	① 적산이란 공사를 시행하는 데 필요로 하는 자재, 노무비 등의 공사량을 설계도서에 의해 물량을 산출하는 기술행위이다. ② 견적은 산출된 수량에 단가를 곱하여 공사비를 산출하는 기술행위이다.	
견적의 종류	개산견적	과거공사에서 유사한 건축물의 자료를 참고하여 공사비의 평균가격 또는 공사비의 구성비율에 따라 개략적인 공사비를 산출하는 방식이다.
	명세견적	완성된 설계도서를 근거로 각 공사별·공정별로 상세하게 공사비를 산출하는 방식으로, 정확한 공사비의 산출이 가능하다.
공사비 구성항목	총공사비 → 부가이윤 / 총원가 → 일반관리비 / 공사의 원가 → 간접공사비 / 직접공사비 → 재료비, 노무비, 외주비, 경비	
적산순서	① 실별, 바닥, 벽, 천장 등 부위별로 실시한다. ② 시공순서대로 실시한다. ③ 내부에서 외부로 실시한다. ④ 큰 곳에서 작은 곳으로 실시한다. ⑤ 아파트의 경우 단위세대에서 전체로 실시한다. ⑥ 수평에서 수직으로 실시한다.	

기출

02 (　)견적은 완성된 설계도서, 현장설명, 질의응답 등에 의해 정밀한 공사비를 산출하는 것이다. 제25회

03 공사원가는 일반관리비와 이윤을 포함(　)다. 제27회

기출정답
01 하지 않는
02 명세
03 하지 않는

재료의 할증률	할증률	항목
	1%	유리, 철근콘크리트
	2%	도료, 위생기구, 시멘트, 무근콘크리트
	3%	이형철근, 고장력볼트, 타일, 슬레이트, 점토(붉은)벽돌, 내화벽돌, 치장벽돌, 일반합판
	4%	콘크리트 블록
	5%	원형철근(봉강), 일반볼트, 파이프, 목재(각재), 합판(수장용), 텍스, 석고보드, 콘크리트벽돌, 기와, 소형형강, 경량형강, 리벳, 강관, 합성고분자계(비닐) 타일
	7%	대형형강
	10%	단열재, 석재판(정형), 강판

⚡ **기출**

01 이형철근의 할증률은 ( )%이다. 제18회

기출정답

01 3

2026 해커스 주택관리사(보)
7일완성 핵심요약집
house.Hackers.com

제2편

건축설비

제 1 장 급수설비
제 2 장 급탕설비
제 3 장 난방설비
제 4 장 배수 및 통기설비
제 5 장 위생기구 및 배관설비
제 6 장 오수 · 정화설비
제 7 장 가스설비
제 8 장 소방설비
제 9 장 전기 · 조명 · 승강기 · 환기설비
제10장 홈네트워크설비

제1장 급수설비

기본서 p.234~256

선생님 TIP
마찰손실수두는 자주 나오는 내용이므로 무조건 학습해야 한다.

제1절 물의 일반사항 빈출

01 물의 성질

⚡기출

01 기구로부터 고가수조까지의 높이가 25m일 때 기구에 발생하는 수압은 ( )MPa이다. 제20회

02 배관에 흐르는 물의 마찰손실수두는 관의 길이와 마찰계수에 ( )하고 유속의 제곱에 ( )한다. 제26회

수압과 수두	수압(Mpa) ×100 → ÷100 수두(m)
마찰손실 수두	$h = f \cdot \dfrac{l}{d} \cdot \dfrac{v^2}{2g}$ 마찰손실수두(h)는 배관의 길이(l)와 배관 내의 마찰손실계수(f), 유속(v)의 제곱에 비례하며, 배관 지름(d)과 중력가속도에 반비례한다.

02 물의 수질

⚡기출

03 경도가 높은 물은 기기 내 ( ) 생성 및 부식 등의 원인이 된다. 제20회

04 동은 ( )mg/L를 넘지 아니할 것 제9회

물의 분류	극연수	① 탄산칼슘의 함유량이 0~10ppm 이하인 물이다. ② 증류수나 멸균수로서 연관, 놋쇠관, 황동관을 침식시키기 때문에 극연수를 사용하는 곳에는 안팎을 모두 도금한 파이프를 사용해야 한다.
	연수	① 탄산칼슘의 함유량이 90ppm 이하인 물이다. ② 보일러 용수에 적당하고, 보통 수돗물, 강물 등이 여기에 속한다.
	적수	탄산칼슘의 함유량이 90~110ppm인 물이다.
	경수	① 탄산칼슘의 함유량이 110ppm 이상인 물이다. ② 칼슘, 마그네슘 등의 광물질이 비교적 많이 함유되어 있다. ③ 스케일이 발생되어 보일러 용수로는 부적합하다.
먹는 물의 수질기준		① 색도는 5도를 넘지 아니할 것 ② 동은 1mg/L를 넘지 아니할 것 ③ 철은 0.3mg/L를 넘지 아니할 것 ④ 탁도는 1NTU를 넘지 아니할 것 ⑤ 납은 0.01mg/L를 넘지 아니할 것 ⑥ 수은은 0.001mg/L를 넘지 아니할 것

기출정답
01 0.25
02 비례, 비례
03 스케일
04 1

제2절 급수방식과 펌프 〈빈출〉

01 급수방식

수도직결 방식	① 급수오염의 가능성이 가장 낮은 방식이다. ② 단수시 급수가 불가능하다. ③ 정전시에는 급수가 가능하다.
고가탱크 방식	① 급수오염의 가능성이 가장 큰 방식이다. ② 수압이 가장 일정한 방식이다. ③ 최상층부와 최저층부의 수압이 같지 않다. ④ 정전·고장·단수시에도 일정량만큼 공급이 가능하다.
압력탱크 방식	① 최고압력과 최저압력의 차가 커서 급수압이 가장 일정하지 않은 방식이다. ② 국부적으로 고압을 필요로 하는 경우에 가장 적합하다. ③ 정전·고장시 급수가 중단된다.

펌프직송 방식	① 펌프 운전방식
	  ㉠ 펌프 대수제어방식 - 정속운전방식
	  ㉡ 펌프 회전수제어방식 - 변속운전방식
	② 최상층의 수압도 크게 할 수 있다.
	③ 자동제어설비에 비용이 많이 든다.
	④ 전력소모가 가장 크다.
	⑤ 고장·정전시 급수가 중단된다.

기출

01 수도직결방식은 건물 내 정전시 급수가 ( )하다. 제27회

02 고가수조방식은 타 급수방식에 비해 수질오염 가능성이 ( )다. 제27회

03 압력탱크방식은 단수시 저수탱크의 물을 이용할 수 있으며, 옥상탱크가 ( )하다. 제17회

04 펌프직송방식에는 정속방식과 ( )방식이 있다. 제17회

02 급수배관

① 급수배관에는 급수 이외의 물배관이 연결되지 않도록 한다.
② 토수구와 저수용기의 물넘침면 사이에는 토수구 공간을 확보하고, 토수구 공간을 확보할 수 없는 경우는 저수용기의 물넘침선으로부터 150mm 이상 위쪽 배관에 진공브레이커를 설치한다.
③ 음료수용 탱크 상부에는 음료수용 급수관 이외의 배관이 통과되지 않도록 한다.
④ 음료수용 배관은 타 배관계통과 식별할 수 있도록 한다.
⑤ 상향 급수배관방식의 경우 진행방향에 따라 올라가는 기울기로 하고 하향 급수배관방식의 경우는 진행방향에 따라 내려가는 기울기로 하되, 역류가 가능한 배관에는 25m마다 체크밸브를 설치하여 역류에너지를 분담하도록 한다.

기출

05 토수구 공간이 확보되지 않을 경우에는 ( )를 설치한다. 제20회

기출정답
01 불가능
02 높
03 불필요
04 변속
05 버큠브레이커

⑥ 공기가 모일 수 있는 부분에는 공기빼기밸브, 물이 고일 수 있는 부분에는 배수밸브를 설치한다.

03 펌프

⚡기출

01 ( )형 펌프에는 볼류트펌프와 터빈펌프가 있다.
제23회

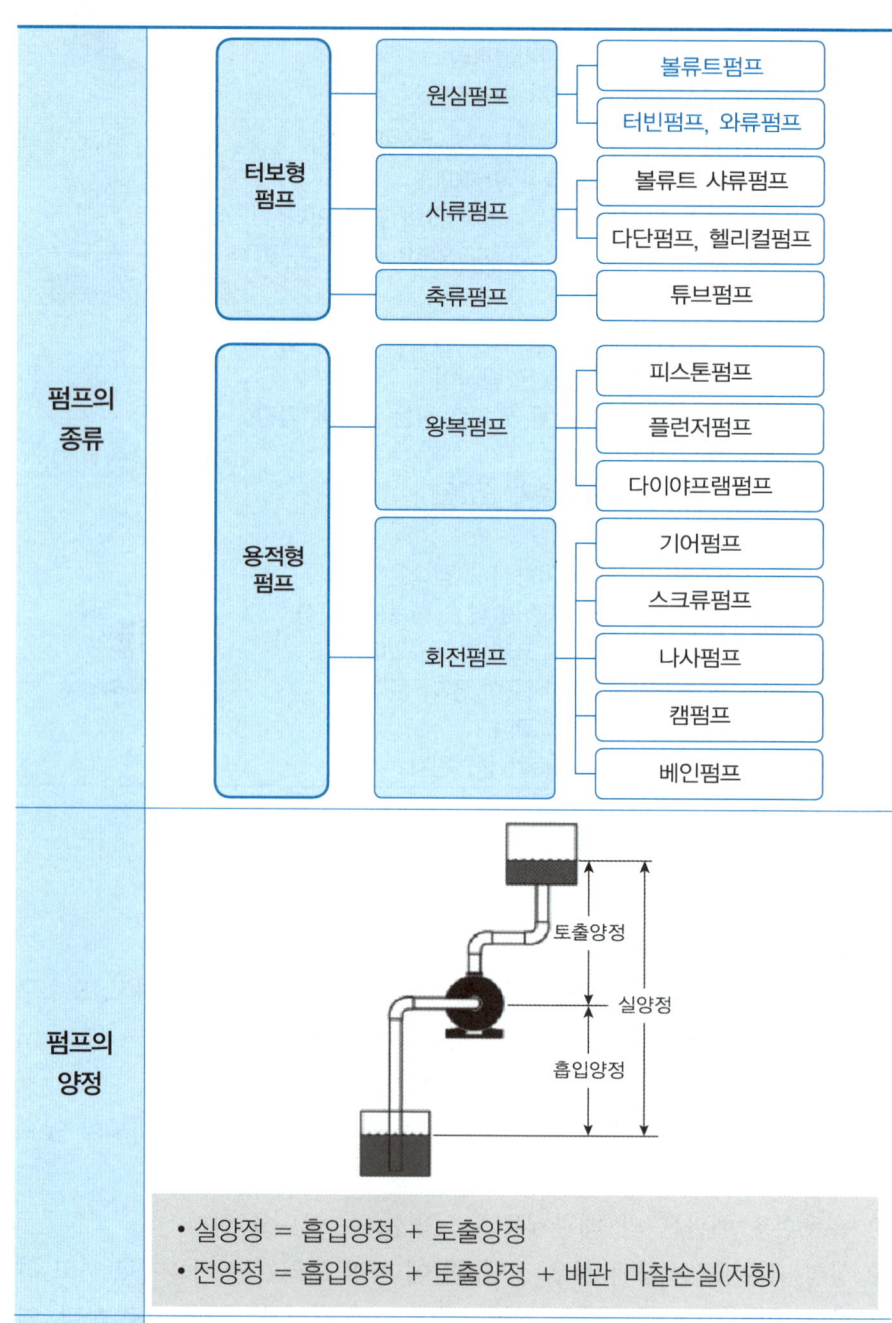

⚡기출

02 펌프의 ( )은 흡입양정, 토출양정, 배관 손실수두의 합이다. 제26회

기출정답

01 터보
02 전양정

펌프의 회전수 변화	구분	회전수 변화
	펌프의 양수량	회전수에 비례
	펌프의 전양정	회전수의 제곱에 비례
	펌프의 축동력	회전수의 3제곱에 비례

펌프의 운전방식	직렬운전	펌프 2대를 직렬로 연결하면 양정이 2배로 증가
	병렬운전	펌프 2대를 병렬로 연결하면 유량이 2배로 증가
	\multicolumn{2}{l}{펌프를 2대로 병렬연결하여 사용하면 유량과 양정이 모두 증가하며, 증가 폭은 배관계 저항조건에 따라 달라진다.}	

배관의 설치	① 흡입양정을 짧게 한다. ② 양수관의 수평배관은 옥상물탱크를 향하여 적당한 상향기울기로 배관한다. ③ 흡입 수평관은 될 수 있는 한 짧게 펌프를 향하여 적당한 상향기울기로 배관하며, 필요에 따라서 게이트밸브를 설치한다. ④ 흡입구는 수위면에서 관경의 2배 이상의 깊이에 잠기게 한다.

기출

01 펌프의 (　)양정은 펌프의 회전수의 제곱에 비례한다. 제26회

02 동일 특성을 갖는 펌프를 (　)렬로 연결하면 양정은 2배로 증가한다. 제23회

04 각종 현상의 방지대책

공동현상 (cavitation)	① 펌프를 되도록 낮게 설치하여 흡입양정을 작게 한다. ② 펌프의 회전수를 낮추어 운전한다. ③ 물의 온도를 낮춘다. ④ 배관 내의 공기를 제거한다. ⑤ 흡입관의 지름을 크게 하고, 관의 마찰손실을 줄인다. ⑥ 펌프를 2대로 나눠 운용한다.
수격작용 (water hammering)	① 기구류 가까이에 공기실(air chamber), 수격방지기를 설치한다. ② 배관의 관경을 크게 하고, 유속을 느리게 한다. ③ 밸브 조작을 서서히 한다. ④ 굴곡배관이 생기지 않도록 하고, 가능한 한 직선배관으로 한다.
크로스 커넥션 (cross connection)	① 수조의 급수유입구와 유출구는 대각선방향으로 되도록 멀게 설치한다. ② 수조는 부식이 적은 스테인리스 재질을 사용하여 수질에 영향을 주지 않도록 한다. ③ 단수발생시 일시적인 부압으로 배수가 역류하지 않도록 수전과 세면기 상단과의 압력을 확보하거나 역류방지기[진공방지기(vacuum breaker)]를 설치한다. ④ 저수조에 장시간 보관하면 잔류염소가 줄어 부패되기 쉬우므로 필요 이상 저장되지 않도록 한다.

기출

03 공동현상을 방지하기 위해 흡입양정을 (　)다. 제25회

기출

04 (　)이 발생하지 않도록 급수배관을 한다. 제26회

기출정답

01 전
02 직
03 낮춘
04 크로스커넥션

05 수도법령상 급수관의 기준

급수관의 상태검사	① **최초 일반검사**: 해당 건축물 또는 시설의 준공검사를 실시한 날부터 5년이 경과한 날을 기준으로 6개월 이내에 실시한다. ② **2회 이후의 일반검사**: 최근 일반검사를 받은 날부터 2년이 되는 날까지 매 2년마다 실시한다.
급수관 수질검사 항목 및 기준	<table><tr><th>항목</th><th>기준</th></tr><tr><td>탁도</td><td>1NTU 이하</td></tr><tr><td>수소이온농도</td><td>5.8 이상 8.5 이하</td></tr><tr><td>색도</td><td>5도 이하</td></tr><tr><td>철</td><td>0.3mg/L 이하</td></tr><tr><td>납</td><td>0.01mg/L 이하</td></tr><tr><td>구리</td><td>1mg/L 이하</td></tr><tr><td>아연</td><td>3mg/L 이하</td></tr></table>

제2장 급탕설비

기본서 p.260~272

제1절 열 기초이론

열용량	어떤 물질 전체를 온도 1℃(K) 올리는 데 필요로 하는 열량
비열	어떤 물질 1kg(단위질량)을 온도 1℃(K) 올리는 데 필요한 열량
현열과 잠열	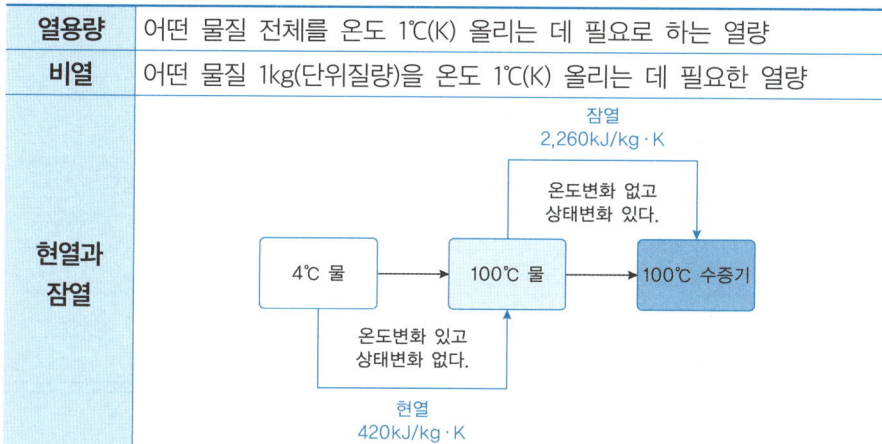

⚡ 기출

01 온수난방은 (　)열을, 증기난방은 (　)열을 이용하는 개념의 난방방식이다.
제19회

제2절 급탕방식의 종류 〈빈출〉

개별식 급탕방식	순간온수기 (즉시탕비기)	① 급탕온도는 60~70℃ 정도이다. ② 순간온수기는 벤튜리(venturi)의 압력차에 의한 다이어프램의 구동으로 작동된다.	
	저탕형 탕비기	① 비등점에 가까운 온수를 얻을 수 있다. ② 저장된 물의 온도를 일정하게 유지시키기 위해 자동온도조절기(thermostat)를 사용한다.	
	기수혼합식	① 열효율이 100%에 가깝다. ② 증기 사용으로 소음이 커서 스팀사일렌서(steam silencer, 소음제거기)를 사용한다.	

⚡ 기출

02 급탕온도를 일정하게 유지하기 위해 (　)조절장치를 설치한다. 제28회

03 기수혼합식은 증기에서 발생하는 소음을 줄이기 위해 (　)를 사용한다. 제28회

기출정답

01 현, 잠
02 자동온도
03 스팀사일렌서

구분		직접가열식	간접가열식
중앙식 급탕방식			
	보일러 설치 대수	급탕·난방용 보일러 각각 설치(2대 필요)	난방용 보일러로 급탕까지 가능(1대 필요)
	스케일 발생	많이 발생	적게 발생
	보일러 압력	고압용 보일러 필요	저압용 보일러 필요
	사용 건물	소규모 건물	대규모 건물
	가열코일	필요 없음	반드시 필요
	열효율	좋음	나쁨

⚡ **기출**

01 (   )건물에는 간접가열식이 직접가열식보다 적합하다. 제27회

제3절 급탕배관 〈빈출〉

급탕배관 방식	단관식 (1관식)	① 급탕관만 있고 반탕관이 없는 방식이다. ② 보일러에서 급탕전까지 15m 이내가 되도록 한다.
	복관식 (순환, 2관식)	① 보일러에서 급탕전까지의 공급관과 순환관을 배관하는 방식이다. ② 수전을 열면 즉시 온수가 나온다.
	역환수방식 (리버스리턴)	① (반탕)관을 역회전시켜 배관한다. ② 각 층의 온수순환을 균등하게 할 목적으로 쓰인다.
팽창관과 팽창탱크	팽창관	① 온수순환배관 도중에 이상 압력이 발생되었을 때 그 압력을 흡수하는 도피구이다. ② 안전밸브 역할을 하며, 보일러 내의 공기나 증기를 배출시킨다. ③ 팽창관의 도중에는 절대로 어떠한 종류의 밸브도 달아서는 안 되며, 팽창관의 관경은 입상주관과 동일 관경으로 한다.

⚡ **기출**

02 급탕배관을 (   )으로 하는 이유는 수전을 열었을 때, 바로 온수가 나오게 하기 위해서이다. 제23회

03 (   )관의 도중에는 밸브를 설치해서는 안 된다. 제23회

기출정답

01 대형
02 복관식
03 팽창

신축이음	팽창탱크	[개방형] ① 도피관을 개방형 팽창탱크에 연결하는 경우는 수면보다 위로 뽑아서 연결한다. ② 배관계의 가장 높은 곳보다 1.2m 이상 높게 설치한다.	
	루프형 (신축곡관)	누수 우려가 없어 가장 고압용으로 사용한다.	
	스위블조인트	① 2개 이상의 90° 엘보를 이용하여 신축을 흡수한다. ② 누수 우려가 가장 큰 방식으로, 저압용으로 사용한다.	

⚡기출

01 팽창탱크의 용량은 급탕계통 내 전체 수량에 대한 (　　)량을 기준으로 산정한다. 제27회

02 (　　)조인트는 엘보를 사용하여 배관의 신축을 흡수하는 방식이다. 제28회

기출정답
01 팽창
02 스위블

제3장 난방설비

기본서 p.276~300

제1절 열의 이동

열전도	W/m·K	① 크다 = 열이동이 크다. = 단열성능이 나쁘다.
열관류, 열전달	W/m²·K	② 작다 = 열이동이 작다. = 단열성능이 좋다.

제2절 보일러와 방열기

01 보일러

보일러의 종류	주철제보일러	저압의 증기 또는 온수용
	노통연관식 보일러	학교, 사무소, 아파트 등의 증기 또는 온수용
	수관보일러	다량의 고압증기 공급 필요성 높은 곳, 병원, 호텔, 지역난방용
	관류보일러	소규모 상점 등의 증기용
	입형보일러	주택 등의 소규모 온수용
보일러의 출력	정미출력	난방부하 + 급탕부하
	상용출력	난방부하 + 급탕부하 + 배관손실부하
	정격출력	난방부하 + 급탕부하 + 배관손실부하 + 예열부하

⚡ 기출

01 ( )보일러는 증기나 고온수 공급이 가능하다. 제22회

02 ( )출력은 난방부하, 급탕부하 및 배관손실부하의 합이다. 제27회

02 방열기

주의사항	① 방열기는 대류작용을 이용하는 난방기로, 열손실이 많은 창문 밑에 설치한다. ② 방열기 설치시에는 창의 아래쪽 벽면에서 50~60mm 정도 떨어지게 설치한다. ③ 열팽창에 의한 배관의 신축이 방열기에 미치지 않도록 스위블(swivel)이음으로 한다.
표준방열량	① 온수난방: 0.523kW/m² ② 증기난방: 0.756kW/m²

기출정답

01 노통연관
02 상용

제3절 증기난방 〈빈출〉

01 순환과정

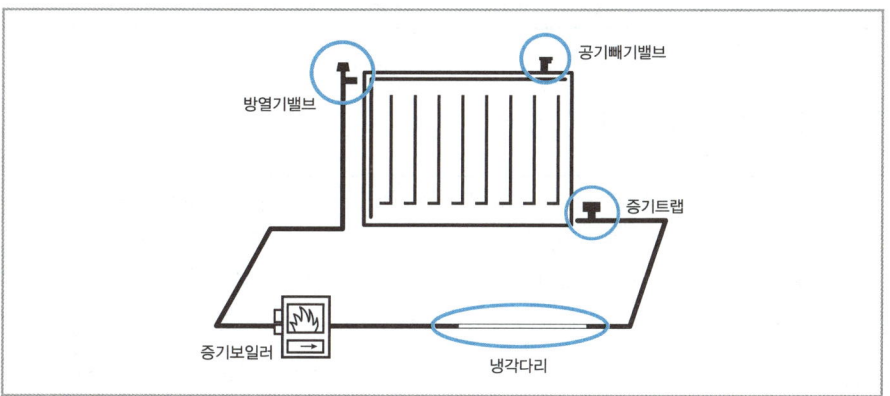

02 중요기기 및 장치

방열기밸브	① 온수 또는 증기의 유량 조절 ② 온수 또는 증기의 개폐 ③ 온도 조절 ④ 증기, 온수난방에 모두 사용	
공기빼기밸브	① 배관내 공기를 제거하여 유체흐름을 원활하게 하기 위해 사용 ② 배관 계통의 가장 높은 곳에 설치 ③ 증기, 온수난방에 모두 사용	
증기트랩	설치 목적	① 공기와 응축수는 통과시켜 보일러에 환수 ② 수증기는 통과 금지 ③ 증기난방에서만 사용

증기트랩	종류	구분	종류
		기계식 증기트랩	① 버킷트랩 ② 플로트트랩
		온도조절식 증기트랩	① 벨로우즈식 트랩 ② 다이어프램식 트랩 ③ 서모왁스식 트랩 ④ 바이메탈식 트랩
		열역학식 증기트랩	디스크트랩

⚡ 기출

01 (　　)밸브는 증기 또는 온수에 사용된다. 제26회

02 증기트랩의 (　　)식 트랩은 플로트트랩을 포함한다. 제26회

기출정답

01 공기빼기
02 기계

| 냉각다리
(냉각테) | ① 완전한 응축수를 트랩에 보내는 역할을 한다.
② 보온 피복을 하지 않는다.
③ 냉각면적을 넓히기 위해 1.5m 이상의 길이로 한다. | 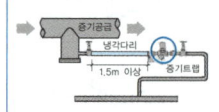 |

03 응축수 환수방식

중력환수식	① 응축수펌프를 사용치 않고 중력만으로 보일러에 환수하는 방식이다. ② 보일러와 방열기의 높이 차이를 충분히 유지할 수 있는 경우에 주로 사용된다.
기계환수식	① 응축수를 응축수 탱크에 모아 펌프로 환수하는 방식이다. ② 보일러와 방열기의 설치위치에 관계없이 설치가 가능하다.
진공환수식	① 환수관의 말단에 진공펌프를 설치하여 응축수의 흐름을 빨리하는 방식이다. ② 환수관 도중에 공기빼기밸브 설치를 금지한다. ③ 응축수 환수방식 중에서 증기의 순환이 가장 빠르다. ④ 리프트이음을 설치해야 한다.

04 기타 배관법

리프트이음	① 진공펌프를 환수주관보다 높은 곳에 설치할 때 사용한다. ② 하단에 있는 응축수를 상단의 보일러로 끌어올릴 때 사용한다. ③ 1단의 높이를 1,500mm(1.5m) 이내로 한다.
하트포드 접속법	① 보일러의 안전수위 확보 및 유지 ② 보일러의 과열방지 ③ 보일러의 빈불 때기 방지 ④ 환수관의 녹찌꺼기 보일러 유입 방지 ⑤ 환수압과 증기공급압력의 균형 유지

05 공급배관방식 및 관련기기

공급 배관방식	① 단관식(1관식) ② 복관식(2관식, 순환식) ③ 역환수방식(리버스리턴방식)		
증기난방 관련기기	2중 서비스밸브	① 방열기밸브와 열동트랩을 조합한 밸브 ② 응축수의 동결 방지	
	감압밸브	고압증기를 저압증기로 감압시키는 밸브	
	증기용 인젝터	증기보일러의 급수장치로 노즐로부터 증기를 분출시켜 그 힘으로 고압부로 보내는 장치	
	증기헤더	배관의 각 계통별로 증기를 고르게 급송하기 위한 장치	

⚡기출

01 ( )밸브는 방열기밸브와 열동트랩을 조합한 구조이다. 제26회

제4절 온수난방 〈빈출〉

01 순환과정

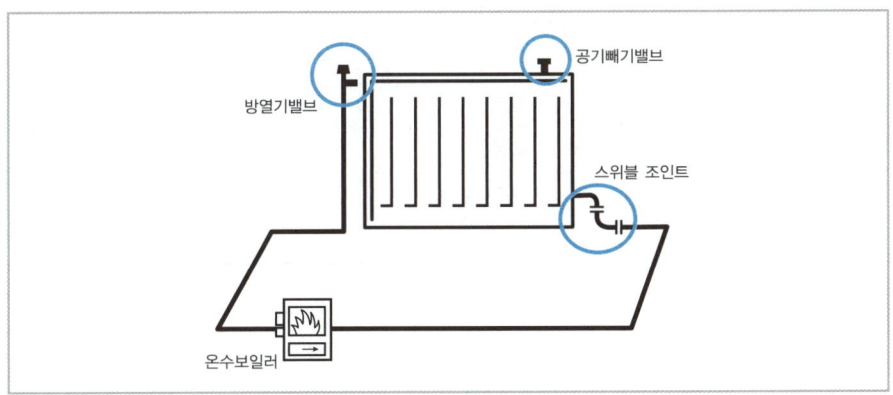

기출정답

01 2중 서비스

02 중요기기 및 장치

방열기밸브	증기난방과 같다.
공기빼기밸브	

03 공급배관방식 및 중요기기

배관방식		증기난방과 같다.
중요기기 및 장치	팽창관	급탕설비와 같다.
	팽창탱크	
	리턴 콕	온수난방의 온수 유량조절에 사용한다.
	3방 밸브	부주의로 밸브가 닫힌 채로 운전하는 경우의 위험을 방지하기 위한 목적으로 사용한다.

선생님 TIP

팽창관과 팽창탱크는 급탕과 온수난방에서만 사용된다. 즉, 증기난방에서는 사용되지 않는다.

⚡ **기출**

01 팽창탱크는 (　　)난방에 사용되는 설비이다.
제22회

04 증기·온수난방의 비교

구분	증기난방	온수난방
열용량	작다	크다
예열시간	짧다(간헐난방에 적합)	길다(지속난방에 적합)
열 운반능력	크다(잠열 이용)	작다(현열 이용)
방열량 조절	어렵다	용이하다
쾌감도	나쁘다	좋다
소음	크다(스팀해머)	조용하다
관경	작다	크다
방열면적	작다	크다
설비비	저렴	고가
방열량	크다(0.756kW/m^2)	작다(0.523kW/m^2)
보일러 취급	어렵다	간단하다

선생님 TIP

온수난방과 증기난방에 관련된 문제는 거의 대부분 온수난방과 증기난방을 비교하는 형태로 출제됨에 유의한다.

⚡ **기출**

02 온수난방은 증기난방에 비해 예열시간이 (　　).
제27회

기출정답

01 온수
02 길다

제5절 복사난방

01 특징

장점	① 실내 쾌감도가 좋다. ② 실내온도 분포가 균일하다. ③ 방열기가 없어 바닥의 이용도가 높다. ④ 실을 개방상태로 놓아도 난방의 효과가 지속적이다. ⑤ 실온이 낮아도 난방효과가 지속적이다. ⑥ 천장이 높은 실의 난방도 가능하다.
단점	① 외기온도 급변에 따른 방열량 조절이 어렵다. ② 복사열을 이용하므로 예열시간이 길다. ③ 열손실을 막기 위한 단열층이 필요하다. ④ 표면에 균열이 생기기 쉽고 고장개소 발견이 어렵다. ⑤ 시공이 어렵고 설비비가 많이 든다.
바닥구조	바닥마감재 마감 모르타르 난방코일 경량기포콘크리트 단열재/층간소음재 콘크리트 슬래브

⚡기출

01 복사난방은 실내 상하 온도분포의 편차가 ( ).
제27회

02 복사난방은 배관이 구조체에 매립되는 경우 열매체 누설시 유지보수가 ( ).
제27회

02 설치시 주의사항

① **코일관경**: 바닥인 경우 20mm 이상
② **코일간격**: 20~30cm
③ 코일매설깊이는 배관 위에서 표면까지의 두께로 관경의 1.5~2.0배이다.
④ 관의 굽힌 부분은 관의 변형 및 단면적 축소가 없도록 하여야 한다.
⑤ 공기체류가 예상되는 부분에는 공기빼기밸브를 설치하여야 한다.
⑥ 코일배관 길이는 한 구역당 최대 50m 이하로 하여야 하며, 온수분배기 주위 등 코일배관 조밀지역에는 과열방지 조치를 하여야 한다.
⑦ 방열관 작업 후 모르타르마감 작업 전에 사용압력의 1.5배 이상으로 구역별로 1차 수압시험을 시행한다.
⑧ 온수분배기에는 공기빼기밸브를 설치하여야 하며, 필요한 경우 이물질 제거용 밸브도 추가 설치하도록 한다.

기출정답
01 작다
02 어렵다

제4장 배수 및 통기설비

기본서 p.304~325

제1절 배수설비 〈빈출〉

01 배수의 종류

옥내배수	건물의 외벽에서 1m까지의 배수
옥외배수	건물의 외벽면에서 1m를 초과하여 떨어진 배수
중력배수	높은 곳에서 낮은 곳으로 중력에 의한 자연배수로 가장 이상적인 방식
기계배수	배수 집수정이 공공하수관보다 낮은 경우 일단 배수 집수정에 모아 펌프를 이용하여 배수하는 방식
직접배수	위생기구와 배수관이 직접 연결된 배수방식
간접배수	배수관에 직접 연결하지 않고 기구로부터 배수관에 물받이 공간을 확보하여 배수하는 방식
배수처리 방식	합류처리방식 : 오수와 잡배수를 합류해서 처리하는 방식 분류처리방식 : 오수의 잡배수를 분류해서 처리하는 방식

02 배수관

기구배수 부하단위 (DFU)	세면기는 기구배수부하단위(DFU)의 기준 1이 된다.
일반사항	① 고온의 배수는 45℃ 미만으로 냉각한 후 배수한다. ② 배수관은 수직관 및 수평관 모두 배수의 흐름방향으로 관지름을 축소하지 않는다. ③ 배수수직관은 어느 층에서나 최하부의 가장 큰 배수부하를 부담하는 부분의 관지름과 동일 관지름으로 한다. ④ 배수지관 등이 합류하는 경우는 반드시 45° 이내의 예각으로 하고 수평기울기로 합류시킨다. ⑤ 배수수직관에는 가능한 한 오프셋을 설치하지 않는다.

⚡기출

01 기구를 배수관에 직접 연결하지 않고, 도중에 끊어서 대기에 개방시키는 배수방식을 ( )배수라 한다. 제20회

02 ( )식 하수관로는 오수와 하수도로 유입되는 빗물·지하수가 함께 흐르도록 하기 위한 하수관로를 말한다. 제28회

03 배수수평지관은 배수가 흐르는 방향으로 관경을 ( )하지 않는다. 제24회

기출정답
01 간접
02 합류
03 축소

⑥ 배수수평주관 또는 수평지관에는 T형 이음쇠, ST형 이음쇠, 크로스 이음쇠를 사용하지 않는다.
⑦ 배수계통 배관의 중간에는 유니온 또는 관 플랜지를 사용하지 않는다.

03 배수용 트랩

설치목적	트랩의 봉수로 인해 배수관 내부의 악취 및 해충이 실내로 유입되는 것을 방지해 주는 역할을 한다.
조건	① 봉수깊이는 50~100mm로 한다. ② 가동부분이 조립체 또는 칸막이에 의하여 봉수를 형성하는 구조가 아닌 것으로 한다. ③ 뚜껑 있는 트랩은 뚜껑을 열었을 때 배수관의 하류측으로부터 하수가스가 실내에 침입하지 않는 구조로 한다. ④ 구조가 간단하고, 배수시 자기세정이 가능한 구조로 한다. ⑤ 이중트랩이 되지 않도록 한다.
트랩의 봉수파괴 원인	① 자기사이펀작용 ② 유인사이펀작용(흡인·흡출작용) ③ 분출작용(토출·역사이펀작용) ④ 모세관현상 ⑤ 증발작용 ⑥ 운동에 의한 관성작용

> **선생님 TIP**
> 트랩의 봉수파괴 원인과 방지대책은 기본적으로 학습해 둔다.

제2절 통기설비 빈출

01 통기관의 목적

① 트랩의 봉수를 보호한다.
② 배수의 흐름을 원활하게 한다.
③ 배수관 내의 공기를 유통시켜 기압변화를 최소화한다.
④ 배수관 내의 환기 및 청결을 유지한다.

> **선생님 TIP**
> 통기관의 설치목적과 배수용 트랩의 설치목적을 혼동하지 말아야 한다.

02 통기관의 종류

기출

01 각개통기방식은 기구의 넘침면보다 150mm 정도 ( )에서 통기수평지관과 접속시킨다. 제26회

02 ( )통기관은 2개 이상인 트랩을 보호하기 위하여 설치하는 통기관으로, 최상류 기구배구관이 배수수평지관에 접속하는 위치의 직하에서 입상하여 통기수직관에 접속하는 통기관이다. 제18회

03 ( )통기관은 배수수직관의 상부를 그대로 연장하여 대기에 개방한 통기관이다. 제22회

04 ( )통기관은 배수수직관과 통기수직관을 연결하는 통기관이다. 제26회

각개(개별) 통기관	① 각 위생기구마다 통기관을 설치하는 방식으로 가장 이상적이다. ② 대변기나 기타 이와 유사한 기구류를 제외하고 통기관은 트랩웨어보다 높은 위치에서 분기한다. ③ 개별통기관은 트랩웨어에서 관경의 2배 이상 떨어진 지점에서 분기한다.
루프 (회로·환상) 통기관	① 배수수평주관의 최상류의 기구배수관이 접속한 직후의 하류측의 위치에서 분기하는 방식이다. ② 배수수평지관의 최대 8개까지의 기구를 루프통기로 할 수 있다. ③ 통기수직관과 최상류 기구까지의 길이는 7.5m 이내로 한다. ④ 개별통기관보다 경제적인 방법이지만, 통기 능률은 개별통기관에 비해 작다.
도피통기관	① 루프통기에서 기구수가 8개가 넘을 때, 8개를 넘는 위생기구의 통기 기능을 돕기 위해 설치한다. ② 수직관과 루프통기관에서 가장 먼 하류의 기구배수관 사이의 배수수평지관에 연결한다.
습식(습윤) 통기관	배수와 통기를 겸용하는 통기관으로 기구에서 물을 흘려보낼 때는 배수관이 되고, 물을 사용하지 않을 경우 통기관이 되는 구간을 말한다.
신정통기관	① 배수수직관 상부의 관경을 그대로 연장하여 옥상, 지붕 등에 개방시킨 것을 신정통기관이라 한다. ② 통기입상관의 상부는 그 상단을 단독으로 대기 중에 노출시키거나 또는 가장 높은 위치에 있는 기구의 물넘침 수위에서 150mm 이상 높은 위치에서 신정통기관에 연결한다.
결합통기관	① 고층건물에서 통기효과를 높이기 위해 통기수직주관과 배수수직주관을 연결한 통기관을 말한다. ② 브랜치 간격 10 이상을 가진 배수수직관은 최상층으로부터 브랜치 10 이내마다 결합통기관을 설치한다.
리턴(반환) 통기관	① 각개통기관으로서 통기관을 입상시키기 곤란한 경우에 이용되는 통기관이다. ② 기구의 넘침면보다 150mm 이상 높은 위치까지 올린 후 구부려 내려서, 기구배수관이나 수평관 또는 바닥 밑으로 배관해서 통기입상관에 접속시킨다.
공용통기관	2개의 위생기구가 같은 위치에 설치되어 있을 때 배수관의 교점에서 접속되어 수직으로 올려 세운 통기관이다.

기출정답
01 위
02 루프
03 신정
04 결합

특수 통기방식	소벤트 시스템	배수수직관에 각 층마다 기포주입장치를 설치하여 배수에 공기를 주입함으로써 유속을 감소시키는 방식	별도의 통기관을 설치하지 않는다.
	섹스티아 시스템	배수수직관에 섹스티아 이음쇠를 통하여 선회류가 형성되어 관의 표면을 따라 하류하면 중앙의 빈 공간은 공기의 통로가 형성되어 통기역할을 하도록 하는 방식	

기출

01 ( ) 시스템에서는 섹스티아 이음쇠와 섹스티아 밴드가 사용된다. 제14회

03 통기관, 통기구, 청소구

통기관의 시공시 주의사항	① 통기수직관은 우수수직관으로 사용해서는 안 된다. ② 통기수직관의 상부는 그 상단을 단독으로 대기 중에 노출시키거나 또는 가장 높은 위치에 있는 기구의 물넘침 수위에서 150mm 이상 높은 위치에서 신정통기관에 연결한다. ③ 간접배수의 통기는 단독배관으로 한다.
통기구의 설치시 주의사항	① 적설지역 이외에서 지붕을 관통하는 통기관은 지붕면으로부터 150mm 이상 높이 올려서 대기 중에 방출한다. 적설지역의 지붕을 관통하는 통기관은 지붕에서 최고적설높이 이상으로 높이 올려서 대기 중에 방출한다. ② 지붕을 정원, 운동장, 세탁건조장 등으로 사용하는 경우의 통기관은 옥탑까지 연장하거나 옥상바닥으로부터 수직으로 2m 이상 높여서 대기에 방출한다. ③ 통기구가 본 건물 및 인접 건물의 출입구, 창, 급배기구, 환기구 등의 부근에 있는 경우에는 그 개구부 상단으로부터 600mm 이상 높여서 설치하며, 개구부 내로 통기 기류가 들어오지 않는 위치이어야 한다. 또 개구부 상단으로부터 600mm 이상을 수직으로 높이지 못할 경우에는 개구부에서 수평으로 3m 이상 떨어지도록 설치한다. ④ 외벽면을 관통하여 연장하는 통기관의 통기구는 하향으로 설치한다. ⑤ 통기구는 건물 돌출부분의 하부에 설치하지 아니한다.
청소구	시공개소	① 배수수평지관 및 배수수평주관의 기점 ② 배수수평관이 긴 경우, 배수관의 관지름이 100mm 이하인 경우는 15m 이내, 100mm를 넘는 경우는 매 30m마다 ③ 배수관이 45°를 넘는 각도로 방향을 변경한 개소 ④ 배수수직관의 최상부 및 최하부 또는 그 부근 ⑤ 배수수평주관과 부지배수관의 접속개소에 가까운 곳 ⑥ 상기 이외에 필요하다고 판단되는 개소

기출

02 통기수직관은 ( )수직관과 연결해서는 안 된다. 제26회

기출

03 배수수평관이 긴 경우, 배수관의 관지름이 100mm 이하인 경우에는 ( )m 이내, 100mm를 넘는 경우에는 매 ( )m마다 청소구를 설치한다. 제23회

기출정답

01 섹스티아
02 빗물
03 15, 30

시공기준	① 지중매설관에 설치하는 경우에는 그 배관의 일부를 바닥 마감면, 지반면 또는 그 이상으로 연장하여 설치한다. ② 모든 청소구는 배수의 흐름과 반대 또는 직각으로 열 수 있도록 설치한다. ③ 청소구의 뚜껑은 누수되지 않도록 조인다. ④ 청소구의 크기는 배수관지름이 100mm 이하인 경우에는 배수관지름과 동일한 지름으로 하고, 100mm를 초과하는 경우에는 100mm로 한다.

제5장 위생기구 및 배관설비

기본서 p.330~348

제1절 위생기구

	세정급수방식의 비교			
	구분	하이탱크식	로우탱크식	세정밸브식
대변기	급수관경	10mm 이상	10mm 이상	25mm 이상
	세정관경	32mm 이상	50mm 이상	25mm 이상
	설치면적	가장 작다.	가장 크다.	비교적 작다.
	구조	간단하다.	간단하다	복잡하다
	수리시	어렵다	용이하다	어렵다
	사용시 소음	가장 크다.	가장 작다.	약간 크다.
	연속 사용	불가능	불가능	가능

수도법령상 절수설비	수도꼭지	① 공급수압 98kPa에서 최대토수유량이 1분당 6L 이하인 것 ② 공중용 화장실에 설치하는 수도꼭지는 1분당 5L 이하인 것 ③ 샤워용은 공급수압 98kPa에서 해당 수도꼭지에 샤워호스를 부착한 상태로 측정한 최대토수유량이 1분당 7.5L 이하인 것
	변기	① 대변기는 공급수압 98kPa에서 사용수량이 6L 이하인 것 ② 대·소변 구분형 대변기는 공급수압 98kPa에서 평균사용수량이 6L 이하인 것 ③ 대변기는 물탱크의 내부 벽면 또는 세척밸브의 수량조절용 나사부분에 사용수량을 표시한 것 ④ 대변기의 사용수량을 조절하는 부속품은 사용수량이 6L를 초과할 수 없는 구조로 제작한 것 ⑤ 소변기는 물을 사용하지 않는 것이거나, 공급수압 98kPa에서 사용수량이 2L 이하인 것
역류방지기 (vacuum breaker)	오수가 급수관 속으로 빨려 들어가는 현상을 방지하기 위해 설치	

⚡기출

01 ( )식 대변기는 탱크에 물이 저장되는 시간이 불필요하므로 연속사용이 많은 화장실에 주로 사용한다. 제20회

02 절수용 수도꼭지는 공급수압 98kPa에서 최대토수유량이 1분당 ( )L 이하인 것. 다만, 공중용 화장실에 설치하는 수도꼭지는 1분당 ( )L 이하인 것이어야 한다. 제26회

03 대·소변 구분형 대변기는 평균사용수량이 ( )L 이하인 것 제27회

04 플러시밸브의 2차측 ( )에는 ( )를 설치한다. 제23회

기출정답
01 세정밸브
02 6, 5
03 6
04 하류측, 버큠브레이커

제2절 배관설비 〈빈출〉

01 배관재료의 종류

주철관	① 녹이 슬지 않아 수명이 길다. ② 외부충격에 약해 균열 발생의 우려가 크다.
강관	① 인장강도가 크며 충격에 강하다. ② 내식성이 작아 부식이 잘된다. ③ 두께는 스케줄 번호(schedule No)로 표시한다. 스케줄 번호가 커질수록 관의 두께가 두꺼워진다.
동관	① 내식성이 강하며, 수명이 길다. ② 마찰저항(손실)이 작다. ③ 열전도율이 높아 가열코일로 사용된다. ④ K·L·M타입으로 구분하는데, K타입이 가장 두껍고, M타입이 가장 얇다.
연관	① 산에는 강하나 알칼리에 약하므로 콘크리트에 매설시 반드시 방식 피복을 해야 한다. ② 열에 약해 일정한 형태를 유지하기가 어렵다.
경질염화비닐관	① 내산·내알칼리성이 크다(내화학성이 우수하다). ② 관 내부 마찰손실이 가장 작다. ③ 전기 절연성이 크다. ④ 열과 충격에 약하다.
스테인리스 스틸관	① 내식성이 우수하여 위생 배관용으로 적합하다. ② 고강도로 경량화가 가능하다. ③ 얼룩 및 변색이 발생한다.
폴리에틸렌관 (PE관)	① 내충격성이 크고 내한성이 좋아 한랭지 배관으로 적합하다. ② 내열성과 보온성, 내화학성 등이 우수하다.
폴리부틸렌관 (PB관)	① 무독성 재료로서 상수도용으로 사용이 가능하다 ② 사용온도가 －20~100℃ 정도로 내열성, 내한성이 우수하다. ③ 내충격성, 시공성이 우수하다.
가교화 폴리에틸렌관	① 일명 엑셀파이프(X－L pipe)라고도 한다. ② 내열성, 내화학성, 내구성, 유연성, 내화성이 우수하다. ③ 사용온도는 0~100℃까지 가능하다. ④ 주로 온수 온돌용으로 많이 사용된다.

⚡기출

01 플라스틱관은 내식성이 있으며, 경량으로 시공성이 ( )하다. 제18회

02 ( )관은 무독성 재료로서 상수도용으로 사용이 가능하다. 제18회

기출정답
01 우수
02 폴리부틸렌

02 배관의 이음

배관을 굽힐 때	① 엘보 ② 밴드
배관을 분기할 때	① 티 ② 크로스 ③ 와이(Y)
직관이음	① 플랜지 ② 유니언 ③ 소켓 ④ 니플 등
이경이음	① 리듀서 ② 부싱 ③ 이경소켓 ④ 이경엘보 ⑤ 이경티 등
배관 말단부	① 플러그 ② 캡

⚡ **기출**

01 유니언, 플랜지: (   ) 지름의 관을 직선으로 연결할 때   제14회

03 밸브의 종류

게이트밸브	① 슬루스밸브라고도 한다. ② 밸브를 완전히 열면 밸브 내부는 배관구경과 같은 단면이 되어 유체의 저항이 작아 마찰저항이 가장 작은 밸브이다.
글로브밸브	① 스톱밸브 또는 구형밸브라고도 한다. ② 유량조절이나 유로를 폐쇄하는 경우에 적합하다. ③ 유체에 대한 저항이 가장 큰 밸브이다.
체크밸브	① 역지밸브라고도 한다. ② 유체의 흐름을 한쪽방향으로만 흐르게 하고 반대방향으로는 흐름을 막는 밸브이다.
콕밸브	① 원추형의 꼭지를 90°로 회전시켜 유로를 개폐하는 밸브이다. ② 급속히 유로를 개폐하는 경우에 사용된다.
볼밸브	① 통로가 연결된 파이프와 같은 모양과 단면으로 되어 있는 중간에 위치한 둥근 볼(ball)의 회전에 의하여 유체를 조절하는 밸브이다. ② 조절각도는 90°이며, 개폐가 신속하다.
버터플라이 밸브	① 밸브 몸통 내의 중심축에 원판상의 디스크를 설치하여 축 회전에 따라 디스크가 개폐되는 구조이다. ② 유량조절 특성이 우수하다.

⚡ **기출**

02 (   )밸브는 주로 유량조절에 사용하며, 게이트밸브에 비해 유체에 대한 저항이 큰 단점을 갖고 있다.   제25회

03 (   )밸브는 유체흐름의 역류방지를 목적으로 설치한다.   제16회

04 (   )밸브는 밸브 내부에 있는 원판을 회전시킴으로써 유체의 흐름을 조절한다.   제25회

기출정답
01 같은
02 글로브
03 체크
04 버터플라이

볼탭	① 수위의 변화에 따라서 뜨개가 위·아래로 이동하며 그 동작으로 급수를 중단하거나 공급하게 해주는 밸브이다. ② 물의 수위를 조절하는 용도로 많이 사용된다.
스트레이너	보통 급수배관이나 냉난방배관, 냉매배관 또는 오일배관 도중에 설치하여 먼지 또는 토사, 쇠부스러기 등을 제거하기 위한 부속품이다.
전동밸브	전동모터의 작동에 의해 자동적으로 밸브를 조절하고 개폐한다.

⚡ 기출

01 ( )는 배관 중에 먼지 또는 토사, 쇠부스러기 등을 걸러내기 위해 사용한다.
제25회

기출정답

01 스트레이너

제6장 오수·정화설비

기본서 p.352~361

제1절 오수·정화설비의 일반사항

01 오염지표

BOD	① 생물화학적 산소요구량 ② 생활하수의 오염 측정기준이 된다.
BOD 제거율	$$\frac{\text{유입 BOD농도} - \text{유출 BOD농도}}{\text{유입 BOD농도}} \times 100(\%)$$
COD	① 생물학적 산소요구량 ② 공장 폐수의 오염 측정기준이 된다.
DO	① 용존산소량 ② 물속에 녹아 있는 산소의 전체 양을 ppm으로 나타낸 것
SS	① 부유물질 ② 불용성의 뜨는 물질을 ppm으로 표시한 것
스컴(scum)	오수 표면 위에 떠오르는 오물 찌꺼기
활성오니	오수 중에 있는 미생물 덩어리
SV	활성오니의 양

⚡ **기출**

01 (　　)는 오수 중의 유기물이 미생물에 의해 분해될 때 소비되는 산소량을 나타낸다. 제28회

02 (　　)는 화학적 산소요구량, SS는 부유물질을 말한다. 제25회

02 오수처리방법

호기성과 혐기성 처리방식의 비교

항목	호기성 처리방식	혐기성 처리방식
사용 균	호기성균	혐기성균
정화속도	빠르다	느리다
정화능력	낮다	우수하다
악취	작다	심하다
유지관리 비용	높다	낮다
정화조 크기	작다	크다
종류	살수여상식, 평면산화식, 단순폭기식, 회전원판식, 지하모래여과식 등	부패탱크(다실)식, 2층탱크(임호프)식 등

기출정답
01 BOD
02 COD

제2절 정화기준과 방식

01 개인하수도 처리시설의 관리기준

선생님 TIP
하수도 처리시설의 기준은 법령에 제시된 내용을 기준으로 학습토록 한다.

구분	내용
수질측정	① 방류수의 수질을 자가측정하거나 측정대행업자가 측정하게 하고, 그 결과를 기록하여 3년 동안 보관해야 한다. ② 1일 처리용량이 200m³ 이상인 오수처리시설과 1일 처리대상 인원이 2,000명 이상인 정화조: 6개월마다 1회 이상 ③ 1일 처리용량이 50m³ 이상 200m³ 미만인 오수처리시설과 1일 처리대상 인원이 1,000명 이상 2,000명 미만인 정화조: 연 1회 이상 ④ 정화조는 연 1회 이상 내부청소를 해야 한다. ⑤ 1일 처리대상 인원이 500명 이상인 정화조에서 배출되는 방류수는 염소 등으로 소독한다.

방류수 수질기준	구분	생물화학적 산소요구량 (BOD) (mg/L)	총유기 탄소량 (TOC) (mg/L)	부유물질 (SS) (mg/L)	총대장균 군수 (개수/mL)	총질소 (T-N) (mg/L)	총인 (T-P) (mg/L)
	분뇨 처리 시설	30 이하	30 이하	30 이하	3,000 이하	60 이하	8 이하

02 정화조의 정화방식

구분	정화순서
장기폭기 방식	스크린(여과) ⇨ 폭기조(산화조) ⇨ 침전조 ⇨ 소독조 ⇨ 방류
부패탱크 방식	오물의 유입 ⇨ 부패조 ⇨ 여과조 ⇨ 산화조 ⇨ 소독조 (혐기성균) (호기성균)

제7장 가스설비

기본서 p.364~374

제1절 도시가스의 분류

01 LNG와 LPG

구분	LNG(액화천연가스)	LPG(액화석유가스)
단위	m³/h	kg/h
생산	해저 및 지하의 자연상태	원유정제 공정 중
상태	-162℃로 액화시켜 부피를 1/600로 압축시킨 것	-42℃로 액화시켜 부피를 1/250로 압축시킨 것
비중	가볍다(0.66)	무겁다(1.5)
안전성	높다	낮다(폭발)
운반	가스배관	운반차량
특징	무색, 무미, 무취	무색, 무미, 무취
열효율	낮다	높다
가스감지기 설치	천장 밑 30cm 정도	바닥 위 30cm 정도
주성분	메탄	프로판, 프로필렌, 부탄, 부틸렌

선생님 TIP
LNG와 LPG의 비교는 자주 출제되므로 기본적인 사항을 학습하도록 한다.

기출
01 LNG는 공기보다 ( ) 워 LPG보다 상대적으로 안전하다. 제18회

02 도시가스의 압력분류

저압공급방식	중압공급방식	고압공급방식
① 압력: 0.1MPa 미만 ② 안전 고려한 일반적인 공급방식 ③ 소규모 지역, 사용량이 적은 구역에 적합	① 압력: 0.1~1MPa 미만 ② 공장에서 중압으로 송출하여 정압기에 의해 저압으로 감압 공급 ③ 대규모 지역, 사용량이 많은 구역에 적합	① 압력: 1MPa 이상 ② 먼 곳에 많은 양의 가스를 공급할 때 적합, 장거리 이송용

기출
02 도시가스의 공급압력 분류에서 고압은 게이지 압력으로 ( )MPa 이상인 경우를 말한다. 제15회

기출정답
01 가벼
02 1

제2절 가스설비 (빈출)

01 가스계량기

구조와 설치	① 가스계량기는 쉽게 알아 볼 수 있도록 케이스 외면에 가스의 흐름방향을 표시한다. ② 가스계량기는 역회전을 방지하는 구조로 한다. ③ 가스계량기($30m^3/h$ 미만에 한한다)의 설치높이는 바닥으로부터 1.6m 이상 2m 이내에 수직·수평으로 설치하고, 밴드·보호가대 등 고정장치로 고정시켜야 한다. ④ 격납상자 내에 설치하는 경우에는 설치높이를 제한하지 않는다.	
이격거리	절연조치를 하지 아니한 전선	15cm 이상
	굴뚝, 전기점멸기 및 전기접속기	30cm 이상
	전기계량기 및 전기개폐기	60cm 이상
	화기	2.0m 이상

> **⚡ 기출**
>
> **01** 입상관의 밸브는 보호상자에 설치하지 않는 경우 바닥으로부터 (　)m 이상 (　)m 이내에 설치한다. 제16회
>
> **02** 가스계량기와 전기계량기 및 전기개폐기와의 거리는 (　)cm 이상, 절연조치를 아니한 전선과의 거리는 (　)cm 이상의 거리를 유지 할 것 제24회

02 가스누설경보기의 설치기준

① LNG 검지부는 천장으로부터 검지부 하단까지의 거리가 30cm 이하가 되도록 설치한다.
② 공기보다 무거운 가스(LPG)를 사용하는 경우에는 바닥면으로부터 검지부 상단까지의 거리가 30cm 이하가 되도록 설치한다.
③ 차단부는 건축물의 외부 또는 건축물 벽에서 가장 가까운 내부 배관에 설치한다.
④ 경보기의 검지부는 가스가 누설되기 쉬운 설비가 설치되어 있는 장소의 주위로, 누설된 가스가 체류하기 쉬운 장소에 설치한다.
⑤ 가스누설경보기는 가스농도가 폭발한계의 1/4 이하에서 작동하고, 폭발한계의 1/200 이하에서 작동하지 아니하는 것으로 한다.
⑥ 가스누설경보기의 경보는 주위의 가스농도가 변화되어도 계속되며, 확인 또는 대책을 강구함에 따라 경보가 정지되어야 한다.
⑦ 담배연기 등의 잡가스에는 경보를 울리지 않아야 한다.

기출정답
01 1.6, 2
02 60, 15

03 가스배관 시공시 주의사항

① 입상관은 환기가 양호하고 화기 사용장소가 아닌 곳에 설치하며, 수직관의 밸브는 분리가 가능한 것으로 바닥으로부터 1.6m 이상 2m 이내에 설치한다.
② 배관에 나쁜 영향을 미칠 정도의 신축이 생길 우려가 있는 부분에는 그 신축을 흡수할 수 있는 조치를 한다.
③ 가스배관의 접합은 용접을 원칙으로 한다.
④ 맞대기 용접을 원칙으로 하며, 용접봉은 규격품을 사용한다.
⑤ 용접하기가 곤란할 경우에는 기계적 접합 또는 나사접합으로 할 수 있다.
⑥ 나사접합을 할 경우라도 유니온은 사용하지 않는다.
⑦ 지하매설시 타 매설관과의 이격거리는 평행시 30cm 이상, 교차시 15cm 이상으로 한다.
⑧ 지상배관은 부식방지도장 후 표면색상을 황색으로 도색하고, 지하매설배관은 최고사용압력이 저압인 배관은 황색으로, 중압 이상인 배관은 붉은색으로 한다.
⑨ 다만, 지상배관의 경우 건축물의 내·외벽에 노출된 것으로서 바닥에서 1m의 높이에 폭 3cm의 황색띠를 2중으로 표시한 경우에는 표면색상을 황색으로 하지 아니할 수 있다.
⑩ 호칭지름이 13mm 미만의 것에는 1m마다, 13mm 이상 33mm 미만의 것에는 2m마다, 33mm 이상의 것에는 3m마다 지지쇠붙이를 설치한다.

⚡기출

01 지상배관은 부식방지도장 후 표면색상을 (　)색으로 도색하고, 최고사용압력이 저압인 지하매설배관은 (　)색으로 하여야 한다. 제21회

02 가스배관은 움직이지 않도록 고정부착하는 조치를 하되, 그 호칭지름이 13mm 미만의 것에는 (　)m마다 고정장치를 설치한다. 제25회

04 정압기

정의	가스 공급시 발생하는 압력 변동에 대응하여 가스 사용량에 따라 압력을 자동으로 조절하며, 가스 흐름이 없을 때는 밸브를 닫아 압력 상승을 방지하는 기기이다.
설치기준	① 정압기는 그 정압기의 유지관리에 지장이 없고, 그 정압기 및 배관에 대한 위해의 우려가 없도록 설치하되, 원칙적으로 건축물의 내부나 기초 밑에 설치하지 아니한다. ② 안전밸브와 가스방출관을 설치하고 가스방출관의 방출구는 주위에 불 등이 없는 안전한 위치로서 지면으로부터 5m 이상의 높이에 설치한다. ③ 정압기 출구의 배관에는 도시가스 압력이 비정상적으로 상승한 경우 안전관리자가 상주하는 곳에 이를 통보할 수 있는 경보장치를 설치한다.

기출정답
01 황, 황
02 1

⚡ 기출

01 가스사용시설에 설치된 압력조정기는 매 (　)년에 1회 이상 압력조정기의 유지·관리에 적합한 방법으로 안전점검을 실시한다.

제25회

④ 전기설비에는 방폭조치를 해야 한다.
⑤ 정압기의 입구와 출구에는 가스차단장치를 설치한다.
⑥ 정압기에 바이패스관을 설치하는 경우에는 밸브를 설치하고 그 밸브에 잠금조치를 해야 한다.
⑦ 도시가스의 안정공급을 위하여 정압기의 출구에는 도시가스의 압력을 측정·기록할 수 있는 장치를 설치한다.
⑧ 정압기와 필터의 경우에는 설치 후 3년까지는 1회 이상, 그 이후에는 4년에 1회 이상 분해점검을 실시한다.

기출정답

01 1

제8장 소방설비

기본서 p.378~418

제1절 소방설비의 개요

01 화재의 종류

화재의 급수	화재의 종류	정의
A급	일반화재	나무, 섬유, 종이, 고무, 플라스틱류와 같은 일반 가연물이 타고 나서 재가 남는 화재를 말한다. 일반화재에 대한 소화기의 적응 화재별 표시는 'A'로 표시한다.
B급	유류화재	인화성 액체, 가연성 액체, 석유 그리스, 타르, 오일, 유성도료, 솔벤트, 래커, 알코올 및 인화성 가스와 같은 유류가 타고 나서 재가 남지 않는 화재를 말한다. 유류화재에 대한 소화기의 적응 화재별 표시는 'B'로 표시한다.
C급	전기화재	전류가 흐르고 있는 전기기기, 배선과 관련된 화재를 말한다. 전기화재에 대한 소화기의 적응 화재별 표시는 'C'로 표시한다.
D급	금속화재	마그네슘 합금 등 가연성 금속에서 일어나는 화재를 말한다. 금속화재에 대한 소화기의 적응 화재별 표시는 'D'로 표시한다.
K급	주방화재	주방에서 동식물유를 취급하는 조리기구에서 일어나는 화재를 말한다. 주방화재에 대한 소화기의 적응 화재별 표시는 'K'로 표시한다.

기출

01 (　　)화재란 인화성 액체, 가연성 액체, 석유 그리스, 타르, 오일, 유성도료, 솔벤트, 래커, 알코올 및 인화성 가스와 같은 유류가 타고 나서 재가 남지 않는 화재를 말한다. 　제23회

02 소방설비의 종류

소화설비	① 소화기구 ② 자동소화장치 ③ 옥내소화전설비 ④ 옥외소화전설비 ⑤ 스프링클러설비 및 간이스프링클러설비 ⑥ 물분무소화설비 · 포소화설비 ⑦ 이산화탄소소화설비 ⑧ 할론소화설비 ⑨ 분말소화설비

기출

02 옥내소화전설비, 옥외소화전설비는 (　　)설비이다. 　제22회

기출정답
01 유류
02 소화

기출

01 시각경보기, 자동화재속보설비는 (　　)설비이다.
　　　　　　　　　　제22회

경보설비	① 비상경보설비 및 단독경보형 감지기 ② 비상방송설비 ③ 누전경보기 ④ 자동화재탐지설비 ⑤ 자동화재속보설비 ⑥ 가스누설경보기
피난·구조설비	① 피난기구(미끄럼대, 피난사다리, 구조대, 완강기, 피난교, 피난밧줄, 공기안전매트 등) ② 인명구조기구 (방열복, 공기호흡기, 인공소생기 등) ③ 유도등 및 유도표지 ④ 비상조명등 및 휴대용 비상조명등
소화용수설비	① 상수도 소화용수설비 ② 소화수조, 저수조, 그 밖의 소화용수설비
소화활동설비	① 제연설비 ② 연결송수관설비 ③ 연결살수설비 ④ 비상콘센트설비 ⑤ 무선통신보조설비 ⑥ 연소방지설비

기출

02 비상콘센트설비, 연소방지설비는 (　　)설비이다.
　　　　　　　　　　제22회

03 '대형소화기'란 화재시 사람이 운반할 수 있도록 운반대와 바퀴가 설치되어 있고 능력단위가 A급 (　　)단위 이상, B급 (　　)단위 이상인 소화기를 말한다. 제23회

03 용어의 정의

소형소화기	능력단위가 1단위 이상이고 대형소화기의 능력단위 미만인 소화기
대형소화기	화재시 사람이 운반할 수 있도록 운반대와 바퀴가 설치되어 있고, 능력단위가 A급 10단위 이상, B급 20단위 이상인 소화기
자동확산 소화기	화재를 감지하여 자동으로 소화약제를 방출 확산시켜 국소적으로 소화하는 소화기
자동소화장치	소화약제를 자동으로 방사하는 고정된 소화장치
능력단위	소화기의 소화능력 시험을 통해 각 화재 종류별(A급, B급, C급, D급, K급)로 소화능력을 인정받은 수치

기출정답
01 경보
02 소화활동
03 10, 20

제2절 소방설비의 종류와 기준 빈출

01 소화기의 설치기준

① 각 층마다 설치하되, 각 층이 2 이상의 거실로 구획된 경우에는 각 층마다 설치하는 것 외에 바닥면적이 33m² 이상으로 구획된 각 거실(아파트의 경우에는 각 세대를 말한다)에도 배치해야 한다.
② 특정소방대상물의 각 부분으로부터 1개의 소화기까지의 보행거리가 소형소화기의 경우에는 20m 이내, 대형소화기의 경우에는 30m 이내가 되도록 배치해야 한다.
③ 소화기구(자동확산소화기를 제외한다)는 거주자 등이 손쉽게 사용할 수 있는 장소에 바닥으로부터 높이 1.5m 이하의 곳에 비치한다.

02 옥내소화전설비

용어의 정의	① **충압펌프**: 배관 내 압력손실에 따른 주펌프의 빈번한 기동을 방지하기 위하여 충압역할을 하는 펌프 ② **진공계**: 대기압 이하의 압력을 측정하는 계측기 ③ **연성계**: 대기압 이상의 압력과 대기압 이하의 압력을 측정할 수 있는 계측기 ④ **체절운전**: 펌프의 성능시험을 목적으로 펌프 토출측의 개폐밸브를 닫은 상태에서 펌프를 운전하는 것
수량	① 옥내소화전설비의 수원은 그 저수량이 옥내소화전의 설치개수가 가장 많은 층의 설치개수(2개 이상 설치된 경우에는 2개)에 2.6m³(호스릴 옥내소화전설비 포함)를 곱한 양 이상이 되도록 해야 한다. ② 옥내소화전설비의 수원은 계산하여 나온 유효수량 외에 유효수량의 1/3 이상을 옥상에 설치해야 한다.

기출

01 자동소화장치를 제외한 소화기구는 거주자 등이 손쉽게 사용할 수 있는 장소에 바닥으로부터 높이 (   )m 이하의 곳에 비치한다. 제18회

02 (   )펌프란 배관 내 압력손실에 따른 주펌프의 빈번한 기동을 방지하기 위하여 충압역할을 하는 펌프를 말한다. 제19회

03 (   )운전이란 펌프의 성능시험을 목적으로 펌프 토출측의 개폐밸브를 닫은 상태에서 펌프를 운전하는 것을 말한다. 제19회

04 옥내소화전설비의 수원은 그 저수량이 옥내소화전의 설치개수가 가장 많은 층의 설치개수(2개 이상 설치된 경우에는 2개)에 (   )m³ (호스릴 옥내소화전설비 포함)를 곱한 양 이상이 되도록 하여야 한다. 제24회

기출정답
01 1.5
02 충압
03 체절
04 2.6

⚡ 기출

01 가압송수장치는 특정소방대상물의 어느 층에서도 해당 층의 옥내소화전(두 개 이상 설치된 경우에는 두 개의 옥내소화전)을 동시에 사용할 경우 각 소화전의 노즐선단에서 ( )MPa 이상의 방수압력으로 분당 ( )L 이상의 소화수를 방수할 수 있는 성능인 것으로 할 것
제25회

02 옥내소화전설비의 배관을 연결송수관설비와 겸용하는 경우 주배관은 구경 ( )mm 이상, 방수구로 연결되는 배관의 구경은 ( )mm 이상의 것으로 해야 한다.
제27회

03 옥내소화전 방수구의 호스는 구경 ( )mm(호스릴 옥내소화전설비의 경우에는 25mm) 이상인 것으로서 특정소방대상물의 각 부분에 물이 유효하게 뿌려질 수 있는 길이로 설치할 것
제25회

04 옥내소화전함의 상부 또는 그 직근에 설치하는 가압송수장치의 기동을 표시하는 표시등은 ( )색등으로 한다.
제24회

05 옥내소화전 노즐선단에서의 방수압력은 ( )MPa 이상으로 한다.
제16회

기출정답
01 0.17, 130
02 100, 65
03 40
04 적
05 0.17

가압송수장치	① 해당 층의 옥내소화전을 동시에 사용할 경우 각 소화전의 노즐선단에서의 방수압력이 0.17MPa 이상이고, 방수량이 130L/min(호스릴 옥내소화전설비 포함) 이상이 되는 성능의 것으로 한다. ② 펌프의 토출량은 옥내소화전이 가장 많이 설치된 층의 설치개수(옥내소화전이 2개 이상 설치된 경우에는 2개)에 130L/min를 곱한 양 이상이 되도록 한다. ③ 펌프는 전용으로 한다. ④ 펌프의 토출측에는 압력계를 체크밸브 이전에 펌프 토출측 플랜지에서 가까운 곳에 설치하고, 흡입측에는 연성계 또는 진공계를 설치한다. ⑤ 펌프의 성능은 체절운전시 정격토출압력의 140%를 초과하지 않고, 정격토출량의 150%로 운전시 정격토출압력의 65% 이상이 되어야 한다. ⑥ 기동용 수압개폐장치 중 압력챔버를 사용할 경우 그 용적은 100L 이상의 것으로 한다.
배관	연결송수관설비의 배관과 겸용할 경우의 주배관은 구경 100mm 이상, 방수구로 연결되는 배관의 구경은 65mm 이상의 것으로 해야 한다.
소화전함, 방수구	① 특정소방대상물의 층마다 설치하되, 해당 특정소방대상물의 각 부분으로부터 하나의 옥내소화전 방수구까지의 수평거리가 25m(호스릴 옥내소화전설비 포함) 이하가 되도록 한다. ② 옥내소화전 방수구는 바닥으로부터의 높이가 1.5m 이하가 되도록 한다. ③ 호스는 구경 40mm(호스릴 옥내소화전설비의 경우에는 25mm) 이상의 것으로서 특정소방대상물의 각 부분에 물이 유효하게 뿌려질 수 있는 길이로 설치한다. ④ 옥내소화전설비의 위치를 표시하는 표시등은 함의 상부에 설치한다. ⑤ 가압송수장치의 기동을 표시하는 표시등은 옥내소화전함의 상부 또는 그 직근에 설치하되 적색등으로 한다.
전원	옥내소화전설비를 유효하게 20분 이상 작동할 수 있어야 한다.
설비기준	① 노즐방수압력: 0.17MPa 이상 ② 표준방수량: 130L/min 이상 ③ 호스 방수구경: 40mm 이상 ④ 옥내소화전 방수구 설치높이: 바닥에서 1.5m 이하 ⑤ 펌프의 토출량: 옥내소화전 2개×130L/min를 곱한 양 이상 ⑥ 펌프의 성능: 체절운전시 정격토출압력의 140%를 초과하지 않고, 정격토출량의 150%로 운전시 정격토출압력의 65% 이상

03 옥외소화전설비

수량	옥외소화전설비의 수원은 그 저수량이 옥외소화전의 설치개수(옥외소화전이 2개 이상 설치된 경우에는 2개)에 $7m^3$를 곱한 양 이상이 되도록 해야 한다.
가압송수장치	① 특정소방대상물에 설치된 옥외소화전(2개 이상 설치된 경우에는 2개의 옥외소화전)을 동시에 사용할 경우 각 옥외소화전의 노즐선단에서의 방수압력이 0.25MPa 이상이고, 방수량이 350L/min 이상이 되는 성능의 것으로 한다. ② 하나의 옥외소화전을 사용하는 노즐선단에서의 방수압력이 0.7MPa을 초과할 경우에는 호스접결구의 인입측에 감압장치를 설치해야 한다.
배관	① 호스접결구는 지면으로부터의 높이가 0.5m 이상 1m 이하의 위치에 설치하고, 특정소방대상물의 각 부분으로부터 하나의 호스접결구까지의 수평거리가 40m 이하가 되도록 설치해야 한다. ② 호스는 구경 65mm의 것으로 해야 한다.
소화전함	옥외소화전설비에는 옥외소화전마다 그로부터 5m 이내의 장소에 소화전함을 기준에 따라 설치한다.
설비기준	① **표준방수압력**: 0.25MPa 이상 ② **표준방수량**: 350L/min 이상 ③ **호수구경**: 65mm ④ **설치간격**: 수평거리 40m 이하 ⑤ **설치높이**: 0.5m 이상 1m 이하

04 스프링클러설비

기출
01 (　　)배관이란 헤드가 설치되어 있는 배관을 말한다.
제26회

용어의 정의	① **조기반응형 헤드**: 표준형 스프링클러헤드보다 기류온도 및 기류속도에 조기에 반응하는 것 ② **유수검지장치**: 유수현상을 자동적으로 검지하여 신호 또는 경보를 발하는 장치 ③ **가지배관**: 헤드가 설치되어 있는 배관 ④ **교차배관**: 가지배관에 급수하는 배관 ⑤ **부압식 스프링클러설비**: 가압송수장치에서 준비작동식 유수검지장치의 1차측까지는 항상 정압의 물이 가압되고, 2차측 폐쇄형 스프링클러헤드까지는 소화수가 부압으로 되어 있다가 화재시 감지기의 작동에 의해 정압으로 변하여 유수가 발생하면 작동하는 스프링클러설비
수원	① 폐쇄형 스프링클러헤드를 사용하는 경우에는 스프링클러설비 설치장소별 스프링클러헤드의 기준개수(아파트의 경우에는 설치개수가 가장 많은 세대)에 1.6m³를 곱한 양 이상이 되도록 한다. ② 옥상수조(산출된 유효수량의 1/3 이상을 옥상에 설치한 설비를 말한다)는 이와 연결된 배관을 통하여 상시 소화수를 공급할 수 있는 구조로 한다.
가압송수장치	① 가압송수장치의 정격토출압력은 하나의 헤드선단에 0.1MPa 이상 1.2MPa 이하의 방수압력이 될 수 있게 하는 크기로 한다. ② 가압송수장치의 송수량은 0.1MPa의 방수압력 기준으로 80L/min 이상의 방수성능을 가진 기준개수의 모든 헤드로부터의 방수량을 충족시킬 수 있는 양 이상의 것으로 한다.
방호구역, 유수검지장치	① 하나의 방호구역의 바닥면적은 3천m²를 초과하지 않아야 한다. ② 하나의 방호구역에는 1개 이상의 유수검지장치를 설치하되, 화재시 접근이 쉽고 점검하기 편리한 장소에 설치한다. ③ 하나의 방호구역은 2개 층에 미치지 않도록 한다. ④ 유수검지장치를 실내에 설치하거나 보호용 철망 등으로 구획하여 바닥으로부터 0.8m 이상 1.5m 이하의 위치에 설치하되, 그 실 등에는 가로 0.5m 이상 세로 1m 이상의 개구부로서 그 개구부에는 출입문을 설치하고 그 출입문 상단에 '유수검지장치실'이라고 표시한 표지를 설치한다. ⑤ 스프링클러헤드에 공급되는 물은 유수검지장치를 지나도록 한다. ⑥ 조기반응형 스프링클러헤드를 설치하는 경우에는 습식 유수검지장치를 설치한다.

기출
02 가압송수장치의 송수량은 (　　)MPa의 방수압력 기준으로 (　　)L/min 이상의 방수성능을 가진 기준개수의 모든 헤드로부터의 방수량을 충족시킬 수 있는 양 이상으로 한다.
제17회

기출정답
01 가지
02 0.1, 80

배관	① 급수를 차단할 수 있는 개폐밸브는 개폐표시형으로 한다. 이 경우 펌프의 흡입측 배관에는 버터플라이밸브 외의 개폐표시형 밸브를 설치하여야 한다. ② 연결송수관설비의 배관과 겸용할 경우의 주배관은 구경 100mm 이상, 방수구로 연결되는 배관의 구경은 65mm 이상의 것으로 하여야 한다. ③ 가지배관의 배열은 토너먼트(tournament) 배관방식이 아니어야 한다. ④ 교차배관에서 분기되는 지점을 기점으로 한쪽 가지배관에 설치되는 헤드의 개수는 8개 이하로 한다. ⑤ 교차배관은 가지배관과 수평으로 설치하거나 또는 가지배관 밑에 설치하고, 최소구경이 40mm 이상이 되도록 한다. ⑥ 가지배관에는 헤드의 설치지점 사이마다 1개 이상의 행거를 설치하되, 헤드간의 거리가 3.5m를 초과하는 경우에는 3.5m 이내마다 1개 이상 설치한다. ⑦ 수직배수배관의 구경은 50mm 이상으로 해야 한다. ⑧ 주차장의 스프링클러설비는 습식 외의 방식으로 해야 한다. ⑨ 배관의 구조상 기울기를 줄 수 없는 경우에는 배수를 원활하게 할 수 있도록 배수밸브를 설치해야 한다.
설비기준	① **정격토출압력**: 헤드선단에 0.1MPa 이상 1.2MPa 이하 ② **가압송수장치 송수량**: 80L/min 이상 ③ **수원의 수량**: 가압송수장치 송수량 × 20분 × 스프링클러헤드의 기준개수 ④ **아파트 등의 세대 내 천장 · 반자 · 천장과 반자 사이 · 덕트 · 선반 등의 각 부분으로부터 하나의 스프링클러헤드까지의 수평거리**: 2.6m 이하 ⑤ **펌프의 성능**: 체절운전시 정격토출압력의 140%를 초과하지 않고, 정격토출량의 150%로 운전시 정격토출압력의 65% 이상

⚡기출

01 아파트 등의 세대 내 스프링클러헤드를 설치하는 경우 천장·반자·천장과 반자 사이·덕트·선반 등의 각 부분으로부터 하나의 스프링클러헤드까지의 수평거리는 ( )m 이하로 해야 한다. 제27회

05 연결송수관설비

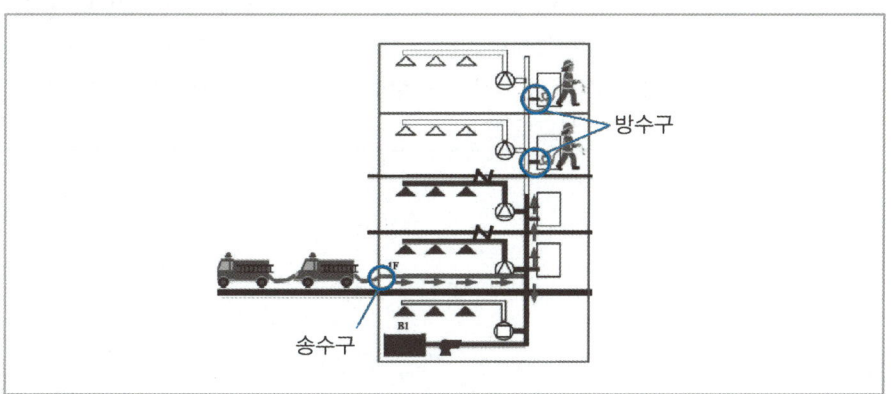

기출정답

01 2.6

⚡기출

01 송수구는 지면으로부터 높이가 (　)m 이상 (　)m 이하의 위치에 설치해야 한다.
제19회

02 주배관의 구경은 (　)mm로 해야 한다.
제19회

송수구	① 지면으로부터 높이가 0.5m 이상 1m 이하의 위치에 설치한다. ② 송수구는 구경 65mm의 쌍구형으로 한다. ③ 송수구에는 이물질을 막기 위한 마개를 씌운다.
배관	① 주배관의 구경은 100mm 이상의 것으로 한다. ② 지면으로부터의 높이가 31m 이상인 특정소방대상물 또는 지상 11층 이상인 특정소방대상물에 있어서는 습식 설비로 한다. ③ 연결송수관설비의 배관은 주배관의 구경이 100mm 이상인 옥내소화전설비·스프링클러설비 또는 물분무 등 소화설비의 배관과 겸용할 수 있다.
방수구	① 연결송수관설비의 방수구는 그 특정소방대상물의 층마다 설치한다. 다만, 아파트의 1층 및 2층에는 설치하지 않을 수 있다. ② 아파트 또는 바닥면적이 1천m^2 미만인 층에 있어서는 계단으로부터 5m 이내에 설치한다. ③ 11층 이상의 부분에 설치하는 방수구는 쌍구형으로 한다. ④ 방수구의 호스접결구는 바닥으로부터 높이 0.5m 이상 1m 이하의 위치에 설치한다. ⑤ 방수구는 연결송수관설비의 전용방수구 또는 옥내소화전 방수구로서 구경 65mm의 것으로 설치한다.
가압송수장치	① 펌프의 토출측에는 압력계를 체크밸브 이전에 펌프토출측 플랜지에서 가까운 곳에 설치하고, 흡입측에는 연성계 또는 진공계를 설치한다. ② 펌프의 토출량은 2,400L/min(계단식 아파트의 경우에는 1,200L/min) 이상이 되는 것으로 한다. ③ 펌프의 양정은 최상층에 설치된 노즐선단의 압력이 0.35MPa 이상의 압력이 되도록 한다. ④ 송수구로부터 5m 이내의 보기 쉬운 장소에 바닥으로부터 높이 0.8m 이상 1.5m 이하로 설치한다. ⑤ 물올림장치에는 전용의 수조를 설치하고, 수조의 유효수량은 100L 이상으로 한다.

기출정답

01 0.5, 1
02 100

06 연결살수설비

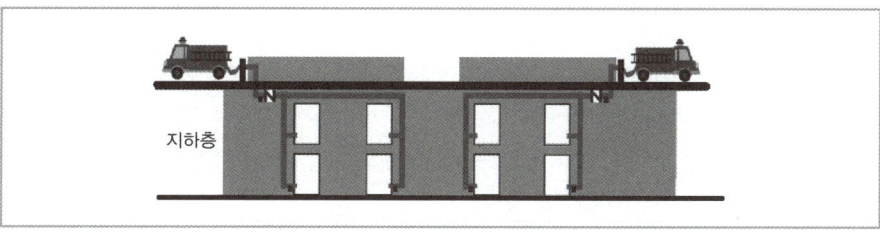

송수구	① 송수구는 구경 65mm의 쌍구형으로 설치한다. ② 개방형 헤드를 사용하는 송수구의 호스접결구는 각 송수구역마다 설치한다. ③ 소방관의 호스연결 등 소화작업에 용이하도록 지면으로부터 높이가 0.5m 이상 1m 이하의 위치에 설치한다. ④ 개방형 헤드를 사용하는 연결살수설비에 있어서 하나의 송수구역에 설치하는 살수헤드의 수는 10개 이하가 되도록 해야 한다.	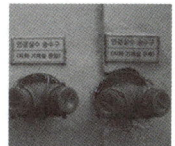

07 비상콘센트설비

전원 및 콘센트	① 비상콘센트설비를 유효하게 20분 이상 작동시킬 수 있는 용량으로 한다. ② 상용전원으로부터 전력의 공급이 중단된 때에는 자동으로 비상전원으로부터 전력을 공급받을 수 있도록 한다. ③ 비상전원의 설치장소는 다른 장소와 방화구획한다. ④ 비상콘센트설비의 전원회로는 단상교류 220V인 것으로서, 그 공급용량은 1.5kVA 이상인 것으로 한다. ⑤ 전원회로는 각 층에 2 이상이 되도록 설치할 것. 다만, 설치해야 할 층의 비상콘센트가 1개인 때에는 하나의 회로로 할 수 있다. ⑥ 전원회로는 주배전반에서 전용회로로 한다.

⑦ 하나의 전용회로에 설치하는 비상콘센트는 10개 이하로 한다.
⑧ 비상콘센트의 플러그접속기는 접지형2극 플러그접속기를 사용해야 한다.
⑨ 비상콘센트의 플러그접속기의 칼받이의 접지극에는 접지공사를 해야 한다.
⑩ 전원회로의 배선은 내화배선으로, 그 밖의 배선은 내화배선 또는 내열배선으로 한다.

08 피난기구

완강기	사용자의 몸무게에 따라 자동적으로 내려올 수 있는 기구 중 사용자가 교대하여 연속적으로 사용할 수 있는 것
간이완강기	사용자의 몸무게에 따라 자동적으로 내려올 수 있는 기구 중 사용자가 연속적으로 사용할 수 없는 것
구조대	포지 등을 사용하여 자루 형태로 만든 것으로서, 화재시 사용자가 그 내부에 들어가서 내려옴으로써 대피할 수 있는 것
승강식 피난기	사용자의 몸무게에 의하여 자동으로 하강하고 내려서면 스스로 상승하여 연속적으로 사용할 수 있는 무동력 승강식 기기
하향식 피난구용 내림식 사다리	하향식 피난구 해치에 격납하여 보관하고, 사용시에는 사다리 등이 소방대상물과 접촉되지 않는 내림식 사다리
다수인 피난장비	화재시 2인 이상의 피난자가 동시에 해당 층에서 지상 또는 피난층으로 하강하는 피난기구
피난용 트랩	화재층과 직상층을 연결하는 계단형태의 피난기구

기출

01 ( )란 사용자의 몸무게에 따라 자동적으로 내려올 수 있는 기구 중 사용자가 교대하여 연속적으로 사용할 수 있는 것을 말한다. 제24회

02 ( )란 포지 등을 사용하여 자루형태로 만든 것으로서 화재시 사용자가 그 내부에 들어가서 내려옴으로써 대피할 수 있는 것을 말한다. 제20회

03 ( )란 화재시 2인 이상의 피난자가 동시에 해당 층에서 지상 또는 피난층으로 하강하는 피난기구를 말한다. 제24회

09 유도등과 유도표지

구분		피난구 유도등	통로유도등		
			복도통로 유도등	거실통로 유도등	계단통로 유도등
피난구유도등과 통로유도등	설치 간격	출입구마다	모퉁이 및 보행거리 20m마다	모퉁이 및 보행거리 20m마다	경사로참 또는 계단참마다
	설치 높이	1.5m 이상	1.0m 이하	1.5m 이상	1.0m 이하

기출

04 거실통로유도등은 구부러진 모퉁이 및 보행거리 ( )m 마다 설치해야 한다. 제20회

기출정답
01 완강기
02 구조대
03 다수인피난장비
04 20

구분		설치간격	설치높이	
유도등과 유도표지	유도등	모퉁이 및 보행거리 20m마다	피난구	1.5m 이상
			복도, 계단통로	1.0m 이하
			거실통로	1.5m 이상
	유도 표지	모퉁이 및 보행거리 15m마다	피난구	출입구 상단
			복도, 계단, 거실	1.0m 이하

기출

01 피난구유도등은 피난구의 바닥으로부터 높이 ( )m 이상으로서 출입구에 인접하도록 설치해야 한다.
제20회

10 자동화재탐지설비

경계구역	① 하나의 경계구역이 2 이상의 건축물에 미치지 않도록 한다. ② 하나의 경계구역이 2 이상의 층에 미치지 않도록 한다. ③ 하나의 경계구역의 면적은 600m² 이하로 하고, 한 변의 길이는 50m 이하로 한다. ④ 계단·경사로·엘리베이터 승강로·린넨슈트·파이프 피트 및 덕트 기타 이와 유사한 부분에 대하여는 별도로 경계구역을 설정하되, 하나의 경계구역은 높이 45m 이하로 하고, 지하층의 계단 및 경사로는 별도로 하나의 경계구역으로 해야 한다.
감지기 설치조건	① 감지기(차동식 분포형의 것 제외)는 실내로의 공기유입구로부터 1.5m 이상 떨어진 위치에 설치한다. ② 감지기는 천장 또는 반자의 옥내에 면하는 부분에 설치한다. ③ 보상식 스포트형 감지기는 정온점이 감지기 주위의 평상시 최고 온도보다 일정온도 이상 높은 것으로 설치한다. ④ 정온식 감지기는 주방·보일러실 등으로서 다량의 화기를 취급하는 장소에 설치하되, 공칭작동온도가 최고주위온도보다 일정온도 이상 높은 것으로 설치한다. ⑤ 차동식 스포트형·보상식 스포트형 및 정온식 스포트형 감지기는 그 부착높이 및 특정소방대상물에 따라 규정된 바닥면적마다 1개 이상을 설치한다. ⑥ 스포트형 감지기는 45° 이상 경사되지 않도록 부착한다. ⑦ 공기관식 차동식 분포형 감지기의 공기관 노출부분은 감지구역마다 20m 이상이 되도록 한다.
연기감지기 설치조건	① 계단·경사로 및 에스컬레이터 경사로에 설치한다. ② 엘리베이터 승강로·린넨슈트·파이프 피트 및 덕트 기타 이와 유사한 장소에 설치한다.

기출정답

01 1.5

	③ 천장 또는 반자의 높이가 15m 이상 20m 미만의 장소에 설치한다. ④ 특정소방대상물의 취침·숙박·입원 등 이와 유사한 용도로 사용되는 거실에 설치한다. ⑤ 감지기는 복도 및 통로에 있어서는 보행거리 30m마다, 계단 및 경사로에 있어서는 수직거리 15m마다 1개 이상으로 한다. ⑥ 천장 또는 반자가 낮은 실내 또는 좁은 실내에 있어서는 출입구의 가까운 부분에 설치한다. ⑦ 천장 또는 반자 부근에 배기구가 있는 경우에는 그 부근에 설치한다. ⑧ 감지기는 벽 또는 보로부터 0.6m 이상 떨어진 곳에 설치한다.
불꽃감지기 설치조건	① 감지기는 공칭감시거리와 공칭시야각을 기준으로 감시구역이 모두 포용될 수 있도록 설치한다. ② 감지기는 화재감지를 유효하게 감지할 수 있는 모서리 또는 벽 등에 설치한다. ③ 감지기를 천장에 설치하는 경우에는 바닥을 향하여 설치한다. 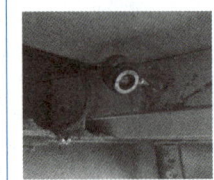

11 청각장애인용 시각경보장치

① 시각경보장치란 자동화재탐지설비에서 발하는 화재신호를 시각경보기에 전달하여 청각장애인에게 점멸형태의 시각경보를 하는 것을 말한다.
② 설치높이는 바닥으로부터 2m 이상 2.5m 이하의 장소에 설치한다.
③ 시각경보장치의 광원은 전용의 축전지설비 또는 전기저장장치에 의하여 점등되도록 한다.

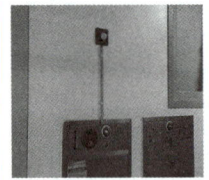

제3절 공동주택의 화재안전성능기준 〈빈출〉

소화기구 및 자동소화장치	① 바닥면적 100m²마다 1단위 이상의 능력단위를 기준으로 설치한다. ② 아파트 등의 경우 각 세대 및 공용부(승강장, 복도 등)마다 설치한다. ③ 아파트 등의 세대 내에 설치된 보일러실이 방화구획되거나, 스프링클러설비·간이스프링클러설비·물분무 등 소화설비 중 하나가 설치된 경우에는 설치하지 않을 수 있다. ④ 주거용 주방자동소화장치는 아파트 등의 주방에 열원(가스 또는 전기)의 종류에 적합한 것으로 설치하고, 열원을 차단할 수 있는 차단장치를 설치해야 한다.
옥내소화전 설비	① 호스릴(hose reel) 방식으로 설치한다. ② 복층형 구조인 경우에는 출입구가 없는 층에 방수구를 설치하지 아니할 수 있다. ③ 감시제어반 전용실은 피난층 또는 지하 1층에 설치한다.
스프링클러 설비	① 폐쇄형 스프링클러헤드를 사용하는 아파트 등은 기준개수 10개에 1.6m³를 곱한 양 이상의 수원이 확보되도록 한다. ② 다만, 아파트 등의 각 동이 주차장으로 서로 연결된 구조인 경우 해당 주차장 부분의 기준개수는 30개로 한다. ③ 아파트 등의 경우 화장실 반자 내부에는 기준에 적합한 소방용 합성수지배관으로 배관을 설치할 수 있다. ④ 다만, 소방용 합성수지배관 내부에 항상 소화수가 채워진 상태를 유지한다. ⑤ 하나의 방호구역은 2개 층에 미치지 아니하도록 할 것. 다만, 복층형 구조의 공동주택에는 3개 층 이내로 할 수 있다. ⑥ 아파트 등의 세대 내 스프링클러헤드를 설치하는 경우 천장·반자·천장과 반자 사이·덕트·선반 등의 각 부분으로부터 하나의 스프링클러헤드까지의 수평거리는 2.6m 이하로 한다. ⑦ 외벽에 설치된 창문에서 0.6m 이내에 스프링클러헤드를 배치하고, 배치된 헤드의 수평거리 이내에 창문이 모두 포함되도록 한다. ⑧ 거실에는 조기반응형 스프링클러헤드를 설치한다. ⑨ 감시제어반 전용실은 피난층 또는 지하 1층에 설치한다. ⑩ 대피공간에는 헤드를 설치하지 않을 수 있다.
옥외소화전 설비	① 기동장치는 기동용 수압개폐장치 또는 이와 동등 이상의 성능이 있는 것을 설치한다. ② 감시제어반 전용실은 피난층 또는 지하 1층에 설치한다.

⚡기출

01 소화기는 바닥면적 ( ) m²마다 1단위 이상의 능력단위를 기준으로 설치해야 한다. 제27회

02 주거용 주방자동소화장치는 아파트 등의 주방에 열원(가스 또는 전기)의 종류에 적합한 것으로 설치하고, 열원을 차단할 수 있는 ( ) 장치를 설치해야 한다. 제27회

기출정답
01 100
02 차단

⚡ 기출

01 세대 내 거실(취침용도로 사용될 수 있는 통상적인 방 및 거실을 말한다)에는 ( )감지기를 설치해야 한다. 제27회

02 아파트 등의 경우 실내에 설치하는 비상방송설비의 확성기 음성입력은 ( )W 이상이어야 한다. 제27회

구분	내용
자동화재탐지설비	① 아날로그방식의 감지기, 광전식 공기흡입형 감지기 또는 이와 동등 이상의 기능·성능이 인정되는 것으로 설치한다. ② 세대 내 거실(취침용도로 사용될 수 있는 통상적인 방 및 거실을 말한다)에는 연기감지기를 설치한다. ③ 감지기 회로 단선시 고장표시가 되며, 해당 회로에 설치된 감지기가 정상 작동될 수 있는 성능을 갖도록 한다. ④ 복층형 구조인 경우에는 출입구가 없는 층에 발신기를 설치하지 아니할 수 있다.
비상방송설비	① 확성기는 각 세대마다 설치한다. ② 아파트 등의 경우 실내에 설치하는 확성기 음성입력은 2W 이상으로 한다.
피난기구	① 아파트 등의 경우 각 세대마다 설치한다. ② 피난장애가 발생하지 않도록 하기 위하여 피난기구를 설치하는 개구부는 동일 직선상이 아닌 위치에 있어야 한다. ③ 의무관리대상 공동주택의 경우에는 하나의 관리주체가 관리하는 공동주택 구역마다 공기안전매트 1개 이상을 추가로 설치한다. ④ 갓복도식 공동주택 또는 수평 또는 수직 방향의 인접세대로 피난할 수 있는 아파트는 피난기구를 설치하지 않을 수 있다.
유도등	① 소형 피난구유도등을 설치할 것. 다만, 세대 내에는 유도등을 설치하지 않을 수 있다. ② 주차장으로 사용되는 부분은 중형 피난구유도등을 설치한다. ③ 비상문 자동개폐장치가 설치된 옥상 출입문에는 대형 피난구유도등을 설치한다.
연결송수관설비	① 층마다 설치한다. 다만, 아파트 등의 1층과 2층(또는 피난층과 그 직상층)에는 설치하지 않을 수 있다. ② 아파트 등의 경우 계단의 출입구로부터 5m 이내에 방수구를 설치하되, 그 방수구로부터 해당 층의 각 부분까지의 수평거리가 50m를 초과하는 경우에는 방수구를 추가로 설치한다. ③ 쌍구형으로 한다. 다만, 아파트 등의 용도로 사용되는 층에는 단구형으로 설치할 수 있다. ④ 송수구는 동별로 설치하되, 소방차량의 접근 및 통행이 용이하고 잘 보이는 장소에 설치한다. ⑤ 펌프의 토출량은 분당 2,400L 이상(계단식 아파트의 경우에는 분당 1,200L 이상)으로 한다.
비상콘센트	① 아파트 등의 경우에는 계단의 출입구(계단의 부속실을 포함하며, 계단이 2개 이상 있는 경우에는 그중 1개의 계단을 말한다)로부터 5m 이내에 비상콘센트를 설치한다. ② 비상콘센트로부터 해당 층의 각 부분까지의 수평거리가 50m를 초과하는 경우에는 비상콘센트를 추가로 설치한다.

기출정답
01 연기
02 2

제9장 전기·조명·승강기·환기설비

기본서 p.422~458

제1절 전기설비 빈출

01 전기설비의 기초

전압의 종류	구분	직류	교류
	저압	1.5kV 이하	1.0kV 이하
	고압	1.5kV 초과, 7.0kV 이하	1.0kV 초과, 7.0kV 이하
	특고압	7.0kV 초과	7.0kV 초과

저항

전선의 저항은 전선의 굵기에 반비례하고, 전선의 길이에 비례한다.

$$저항\ R = \frac{전선길이}{전선단면적(굵기)} \times 비저항(\rho)$$

역률

① 교류는 전압과 전류의 크기, 방향이 시시각각 변한다. 교류는 이 위상차를 고려하게 되며, 이것이 역률이다.
② 역률($\cos\theta$)은 1보다 작거나 같은데, 이 역률이 작을수록 역률이 나쁘다고 한다.

- 역률($\cos\theta$) = $\frac{유효전력}{피상전력}$
- 피상전력 = 전압 × 전류

③ 역률을 개선하기 위하여 각 기기마다 커패시터(capacitor, 콘덴서)를 설치한다.

수용률

① 수용설비가 동시에 사용되는 정도이다.
② 변압기 등의 적정공급 설비용량을 파악하기 위해 사용한다.

- 수용(사용)률 = $\frac{최대수용전력(kW)}{부하설비용량(kW)} \times 100(\%)$
- 최대수용전력 = 부하설비용량 × 수용률

✚ 수용률은 보통 1보다 작다(0.4~1.0 정도).

기출

01 고압의 직류는 (　)kV를, 교류는 (　)kV를 초과하고, (　)kV 이하인 것
제28회

02 전선의 저항은 전선길이가 길수록 (　)진다.
제20회

03 (　)은 유효전력을 피상전력으로 나눈 값이다.
제20회

04 (　)률이라 함은 부하설비용량 합계에 대한 최대수용전력의 백분율을 말한다.
제26회

기출정답

01 1.5, 1.0, 7.0
02 커
03 역률
04 수용

기출

01 부하율이 ( )수록 전기설비가 효율적으로 사용되고 있음을 나타낸다.
제26회

02 ( )률은 합성 최대수요전력을 구하는 계수로서 부하종별 최대수요전력이 생기는 시간차에 의한 값이다.
제26회

부하율	① 공급설비가 어느 정도 유효(적정)하게 사용되는가를 나타낸다. ② 부하율이 클수록 공급설비가 유효(적정)하게 사용된다. $$부하율 = \frac{평균수용전력(kW)}{최대수용전력(kW)} \times 100(\%)$$ ✚ 부하율은 보통 1보다 작다(0.25~0.6 정도).
부등률	① 소비전력기기를 동시에 사용하는 정도이다. ② 수용률과 더불어 배전변압기 또는 배전간선 등의 공급자료로 사용된다. $$부등률 = \frac{각\ 부하의\ 최대수용전력의\ 합계(kW)}{전체\ 부하의\ 최대수용전력(kW)}$$ ✚ 부등률은 보통 1보다 크다(1.1~1.5 정도).
3상 4선식	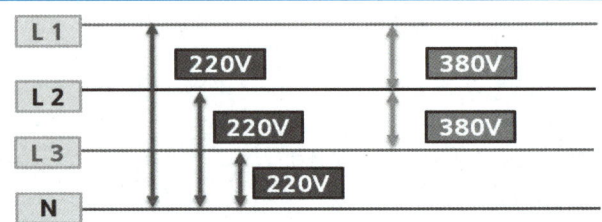

전선의 색상	상(문자)	3상 색상		단상 색상	
	L1	갈색			
	L2	검은색		갈색	
	L3	회색			
	N (중성선)	파란색		파란색	
	보호도체	녹색 – 노란색		녹색 – 노란색	

02 배선공사

기출

03 ( )몰드공사는 철제 홈통의 바닥에 전선을 넣고 뚜껑을 덮는 배선방법이다.
제15회

기출정답
01 클,
02 부등
03 금속

금속몰드공사	① 전선은 절연전선(옥외용 비닐절연전선 제외)일 것 ② 금속몰드 안에는 전선에 접속점이 없도록 할 것 ③ 금속몰드의 사용전압이 400V 이하로 옥내의 건조한 장소로 전개된 장소 또는 점검할 수 있는 은폐장소에 한하여 시설할 수 있다. 

	④ 황동제 또는 동제의 몰드는 폭이 50mm 이하, 두께 0.5mm 이상인 것일 것 ⑤ 접지공사를 할 것	
플로어덕트 공사	① 전선은 절연전선(옥외용 비닐절연전선 제외)일 것 ② 전선은 연선일 것. 다만, 단면적 10mm^2(알루미늄선은 단면적 16mm^2) 이하인 것은 그러하지 아니하다. ③ 플로어덕트 안에는 전선에 접속점이 없도록 할 것 ④ 덕트 및 박스 기타의 부속품은 물이 고이는 부분이 없도록 시설할 것 ⑤ 접지공사를 할 것	
라이팅덕트 공사	① 덕트는 조영재에 견고하게 붙일 것 ② 덕트의 지지점간의 거리는 2m 이하로 할 것 ③ 덕트의 개구부는 아래로 향하여 시설할 것 ④ 접지공사를 할 것 ⑤ 덕트는 조영재를 관통하여 시설하지 아니할 것	
금속관공사	① 전선은 절연전선(옥외용 비닐절연전선 제외)일 것 ② 전선은 연선일 것 ③ 전선은 금속관 안에서 접속점이 없도록 할 것 ④ 콘크리트에 매입하는 것은 관두께 1.2mm 이상, 그 이외의 것은 1mm 이상 ⑤ 접지공사를 할 것	
금속제 가요 전선관공사	① 전선은 절연전선(옥외용 비닐절연전선 제외)일 것 ② 전선은 연선일 것. 다만, 단면적 10mm^2(알루미늄선은 단면적 16mm^2) 이하인 것은 그러하지 아니하다. ③ 가요전선관 안에는 전선에 접속점이 없도록 할 것 ④ 접지공사를 할 것	

⚡기출

01 플로어덕트공사는 옥내의 (　　)한 콘크리트 바닥 내에 매입할 경우에 사용된다. 제15회

02 (　　)공사는 화랑의 벽면조명과 같이 광원을 이동시킬 필요가 있는 경우에 사용된다. 제24회

03 (　　)공사는 철근콘크리트구조의 매립공사에 사용된다. 제24회

기출정답
01 건조
02 라이팅덕트
03 금속관

제2절 조명설비

01 조명설비의 기초

측광량 용어	용어	기호	정의	단위	약호
	광속	F	광원에서 방출되는 빛의 양	lumen (루멘)	lm
	광도	I	빛의 세기 또는 빛의 강도	candela (칸델라)	cd
	조도	E	표면에 닿는 빛의 양	lux (럭스)	lx
	휘도	B	방출되는 빛을 사람의 눈이 감지하는 밝기(눈부심)	nit (니트)	$\frac{cd}{m^2}$, (nit)
	광속 발산도	R	발산광속에 대한 물체의 밝기 정도	radlux (레드럭스)	rlx, asb

광색	① 광원이 발산하는 빛깔로 색온도[단위: K(캘빈)]로 표기하여 구분한다. ② 색온도가 높을수록 청색, 낮을수록 적색 빛으로 보인다.
연색성	① 어떤 물체가 조명되었을 때 나타나는 색이 자연채광시의 색과 비교하여 얼마나 비슷한가를 나타내는 것이다. 즉, 빛의 분광특성이 색의 보임에 미치는 효과를 말한다. ② 어떤 물체의 색깔이 태양광 아래에서 보이는 색과 동일한 색으로 인식될 경우, 그 광원의 연색지수를 Ra100으로 한다. ③ 광원의 연색성이 높을수록 태양광선에 더욱 가까운 분광분포를 갖는다.
조도	① 조도는 시력에 영향을 미치며, 조도가 증가하면 시력도 증가한다. ② 조도기준은 일반적으로 작업면에서 수평면 조도를 나타내며, 작업내용에 따라 수직면 또는 경사면 조도를 나타낸다.
램프의 효율	① 램프의 효율이란 사용전력대비 광원이 방출하는 빛의 양을 나타내는 효율성을 말하며, 램프의 전 광속을 소비전력으로 나눈 값이다. ② 램프효율이 클수록 밝고 경제적인 광원이다. ③ 조명률 = $\frac{작업면\ 광속}{총(전체)광속}$ 으로, 광원의 작업면 광속을 총(전체)광속으로 나눈 것이다.

기출

01 ( )은 광원에서 발산하는 빛의 양을 의미하며, 단위는 루멘(lm)을 사용한다. 제27회

02 광원의 연색성이 ( )수록 태양광선에 더욱 가까운 분광분포를 갖는다. 제28회

03 조명률은 광원의 ( )광속을 총( )광속으로 나눈 것이다. 제28회

기출정답
01 광속
02 높을
03 작업면, 전체

02 조명방식

	구분	장점	단점
조명방식의 종류	직접 조명	① 조명률이 높다. ② 벽천장의 반사율의 영향이 적다. ③ 소요전력이 작다.	① 눈부심(휘도)의 우려가 높다. ② 조도분포가 불균일하다. ③ 그림자(음영)가 강하다.
	간접 조명	① 조도가 균일하다. ② 음영이 유연하다. ③ 차분한 분위기를 얻을 수 있다.	① 조명효율이 낮다. ② 천장의 반사율에 영향을 많이 받는다. ③ 소요전력이 크다. ④ 입체감이 약하다.
	건축화 조명	① 쾌적한 환경을 만들 수 있다. ② 현대적인 감각을 준다. ③ 빛의 확산으로 음영이 부드럽다. ④ 눈부심이 적다.	① 조명효율이 낮다. ② 시설비가 비싸다. ③ 유지관리비가 비싸다.
광원의 계산	$F \cdot U \cdot N = A \cdot D \cdot E$ F: 광속(lm), U: 조명률, N: 광원의 개수 A: 실의 면적(m²), D: 감광보상률, E: 조도(lx) ✚ 보수율(유지율) = $\dfrac{1}{감광보상률}$		

선생님 TIP

광원 계산문제는 지속적으로 출제되고 있으므로 반드시 공식을 암기해야 한다.

제3절 승강기설비 〈빈출〉

01 엘리베이터의 구조

승강 카	① 세프티 슈 2면 및 광전센서를 출입문에 설치하여 출입문이 닫힐 때 인체 또는 물체가 감지되면 문이 즉시 자동적으로 열리도록 한다. ② 중앙 개폐시 문이 맞닿는 부분에는 완충물을 부착한다. ③ 1인당 하중을 75kg으로 하여 최대정원을 산출한다.

기출

01 ( )는 스프링 또는 유체 등을 이용하여 카, 균형추 또는 평형추의 충격을 흡수하기 위한 장치이다. 제25회

02 엘리베이터의 카가 과속했을 때 작동하는 기계적 안전장치는 ( )이다. 제18회

완충기	① 카와 균형추가 승강로 저부에 낙하할 때 그 충격을 완화시켜 주는 장치이다. ② 승강로 피트바닥에 설치하여 카 및 균형추용을 각각 1개 이상 설치한다.
조속기	엘리베이터가 비정상적으로 빨라지는 경우(정격속도의 120%를 초과) 전동기의 전원을 차단하여 브레이크를 작동시키고 계속적으로 속도가 상승하면 비상정지장치를 작동시킨다.
비상정지장치	카의 하강속도가 130~140%에 이르면 정지시키는 장치로서, 조속기의 동작에 의하여 엘리베이터를 안전하게 잡아주는 장치로 가이드레일을 잡아 카를 정지시킨다.
리타이어링 캠	카의 문과 승차장의 문을 동시에 개폐하는 장치이다.
세퓨티 슈	카의 출입문이 닫힐 때 인체나 물건이 출입문에 끼이거나 부딪히는 경우 출입문을 다시 개방하는 장치로, 보통 카 출입문의 양단에 설치한다.
과부하계전기	정격 적재하중을 초과하여 적재(승차)시 경보가 울리고 도어가 열린다. 해소시까지 문이 열린 상태로 유지된다.
역결상릴레이	전원의 어느 한 상이 공급되지 않거나, 상이 바뀌는 경우를 감지한다.
도어스위치	출입문이 완전히 닫히는 것을 감지하는 스위치로, 도어가 열린 상태에서는 카의 작동이 되지 않게 한다.
슬로다운 스위치	최상층이나 최하층을 지나칠 때 강제적으로 카를 감속 후 정지시키는 스위치이다.
리미트스위치	상부와 하부 운행구간을 초과하려고 할 때 강제적으로 정지시키는 스위치이다.
파이널 리미트스위치	최상층과 최하층의 정지위치를 초과하였을 때 자동적으로 완전히 정지시키는 스위치이다.
주견인구차	직경은 메인 로프 직경의 40배 이상
와이어로프	로프는 3본 이상, 12mm 이상
균형추	① 권상기의 부하를 가볍게 하고자 카의 반대측 로프에 설치한다. ② 중량 = 카 중량 + (최대적재량 × 1/2)

기출

03 ( )스위치는 해당 엘리베이터가 운행되는 최상층과 최하층에서 카를 자동으로 정지시킨다. 제19회

04 ( )스위치는 승강기가 최상층 이상 및 최하층 이하로 운행되지 않도록 엘리베이터의 초과운행을 방지하여 주는 장치이다. 제23회

02 승강기 안전기준 결함의 구분

결함내용	심사항목
경미한 결함	① 승강로, 기계실, 풀리실에 대한 접근 및 출입 ② 출입문 및 비상문 - 점검문 ③ 표시(경고문) ④ 승강로 ⑤ 기계실 · 기계류 공간 및 풀리실

기출정답
01 완충기
02 조속기
03 슬로다운
04 파이널 리미트

⑥ 자동작동 승강장문의 닫힘
⑦ 카문, 바닥, 벽, 천장, 장식품 재질
⑧ 로프 또는 체인간의 하중분산
⑨ 도르래, 풀리, 스프로킷 보호수단
⑩ 승강로 내 권상기 도르래, 풀리, 스프로킷 등

> **선생님 TIP**
> 승강기 안전결함의 구분과 관련된 내용은 자주 출제되므로 꼭 학습해야 한다.

03 비상용과 피난용 승강기의 비교

구분	비상용 승강기	피난용 승강기
법령	건축물의 설비기준 등에 관한 규칙 제10조	건축물의 피난·방화 등의 기준에 관한 규칙 제30조
설치대상	높이 31m 이상, 공동주택은 10층 이상	층수가 30층 이상이거나 높이가 120m 이상인 건축물
사용용도	소방관의 화재진압이나 구조용(비상시 일반인 사용불가)	일반인이 유사시 피난을 위해 사용
승강장의 구조	① 승강장의 창문·출입구 기타 개구부를 제외한 부분은 당해 건축물의 다른 부분과 내화구조의 바닥 및 벽으로 구획할 것 ② 승강장은 각 층의 내부와 연결될 수 있도록 하되, 그 출입구에는 60분+ 방화문 또는 60분 방화문을 설치할 것 ③ 노대 또는 외부를 향하여 열 수 있는 창문이나 배연설비를 설치할 것 ④ 벽 및 반자가 실내에 접하는 부분의 마감재료는 불연재료로 할 것 ⑤ 채광이 되는 창문이 있거나 예비전원에 의한 조명설비를 할 것 ⑥ 승강장의 바닥면적은 비상용 승강기 1대에 대하여 6m² 이상으로 할 것 ⑦ 피난층이 있는 승강장의 출입구로부터 도로 또는 공지에 이르는 거리가 30m 이하일 것 ⑧ 승강장 출입구 부근의 잘 보이는 곳에 당해 승강기가 비상용 승강기임을 알 수 있는 표지를 할 것	① 승강장의 출입구를 제외한 부분은 해당 건축물의 다른 부분과 내화구조의 바닥 및 벽으로 구획할 것 ② 승강장은 각 층의 내부와 연결될 수 있도록 하되, 그 출입구에는 60분+ 방화문 또는 60분 방화문을 설치할 것 이 경우 방화문은 언제나 닫힌 상태를 유지할 수 있는 구조이어야 한다. ③ 실내에 접하는 부분(바닥 및 반자 등 실내에 면한 모든 부분을 말한다)의 마감(마감을 위한 바탕을 포함한다)은 불연재료로 할 것

> **⚡ 기출**
>
> **01** 비상용 승강기의 승강장 바닥면적은 비상용 승강기 1대에 대하여 (   )m² 이상으로 할 것. 다만, 옥외에 승강장을 설치하는 경우에는 그러하지 아니하다. 제20회
>
> **02** 비상용 승강기의 경우 피난층이 있는 승강장의 출입구로부터 도로 또는 공지에 이르는 거리가 (   )m 이하이어야 한다. 제20회
>
> **기출정답**
> 01 6
> 02 30

⚡ 기출

01 비상용 승강기의 승강로 구조는 각 층으로부터 피난층까지 이르는 승강로를 ( ) 구조로 연결하여 설치한다.
제25회

승강로의 구조	① 승강로는 당해 건축물의 다른 부분과 내화구조로 구획할 것 ② 각 층으로부터 피난층까지 이르는 승강로를 단일구조로 연결하여 설치할 것	① 승강로는 해당 건축물의 다른 부분과 내화구조로 구획할 것 ② 승강로 상부에 배연설비 또는 제연설비를 설치할 것
설치대수	아래 조건에 따라 추가 설치 	높이	바닥면적	설치대수
높이 31m 초과	1,500m² 이하	1대 이상
	1,500m² 초과	1대에 1,500m²를 넘는 3,000m² 이내마다 1대씩 더한 대수 이상		승용 승강기 중 1대 이상을 피난용 승강기로 설치
예비전원	해당사항 없음	① 초고층 건축물의 경우 2시간 이상, 준초고층 건축물의 경우에는 1시간 이상 작동 가능한 용량일 것 ② 상용전원과 예비전원의 공급을 자동 또는 수동으로 전환이 가능한 설비를 갖출 것 ③ 전선 및 배관은 고온에 견디는 내열성 자재를 사용하고, 방수 조치할 것

⚡ 기출

02 피난용 승강기의 예비전원은 초고층 건축물의 경우에는 ( )시간 이상, 준초고층 건축물의 경우에는 ( )시간 이상 작동이 가능한 용량이어야 한다.
제28회

04 전기자동차

⚡ 기출

03 ( )세대 이상의 아파트에는 전기자동차 충전시설을 설치해야 한다. 제23회

충전시설 설치대상	① 100세대 이상의 아파트 ② 기숙사
전용주차구역 설치	환경친화적 자동차 전용 주차구역의 수는 해당 시설의 총주차대수의 100분의 5 이상
충전시설	① 급속충전시설: 충전기의 최대출력값이 40kW 이상인 시설 ② 완속충전시설: 충전기의 최대출력값이 40kW 미만인 시설 ③ 환경친화적 자동차 충전시설의 수는 해당 시설의 총주차대수의 100분의 5 이상

기출정답
01 단일
02 2, 1
03 100

제4절 환기설비

01 환기설비의 기초

환기방식의 종류	종류	사용기기	기능	사용장소
	제1종 환기방식	송풍기, 배풍기	압력차 조절 가능	수술실, 감압실, 음압실
	제2종 환기방식	송풍기	-	반도체공장, 무균실
	제3종 환기방식	배풍기	냄새, 가스 제거	주방, 화장실
	하이브리드 환기방식	제2종, 제3종	평시는 자연환기	에너지 절약
	자연환기방식	-	풍력환기, 중력환기	일반적

환기기준	신축 또는 리모델링하는 주택 또는 신축공동주택 등은 시간당 0.5회 이상의 환기가 이루어질 수 있도록 자연환기설비 또는 기계환기설비를 설치해야 한다.
환기횟수 (회/h)	$$환기횟수 = \frac{환기량(m^3/h)}{실용적(m^3)}$$
환기량 (m^3/h)	$$환기량 = \frac{실내의\ 총CO_2\ 배출량}{실내\ CO_2\ 허용농도 - 실외\ CO_2\ 농도}$$

> **⚡기출**
>
> **01** 신축 또는 리모델링하는 주택 또는 건축물은 시간당 ( )회 이상의 환기가 이루어질 수 있도록 자연환기설비 또는 기계환기설비를 설치해야 한다. 제28회

> **선생님 TIP**
>
> 환기횟수와 환기량은 계산문제로 자주 출제되므로 계산식을 암기해 두어야 한다.

02 환기설비의 기준

자연환기설비	① 세대에 설치되는 자연환기설비는 세대 내의 모든 실에 바깥공기를 최대한 균일하게 공급할 수 있도록 설치되어야 한다. ② 도입되는 바깥공기에 포함되어 있는 입자형·가스형 오염물질을 제거 또는 여과하는 성능이 일정수준 이상이어야 한다. ③ 입자포집률이 질량법으로 측정하여 70% 이상이어야 한다. ④ 자연환기설비는 설치되는 실의 바닥부터 수직으로 1.2m 이상의 높이에 설치하여야 하며, 2개 이상의 자연환기설비를 상하로 설치하는 경우 1m 이상의 수직간격을 확보하여야 한다.

기출정답

01 0.5

기계환기설비	① 기계환기설비의 환기기준은 시간당 실내공기 교환횟수로 표시하여야 한다. ② 하나의 기계환기설비로 세대 내 2 이상의 실에 바깥공기를 공급할 경우의 필요환기량은 각 실에 필요한 환기량의 합계 이상이 되도록 하여야 한다. ③ 세대의 환기량 조절을 위하여 환기설비의 정격풍량을 최소·적정·최대의 3단계 또는 그 이상으로 조절할 수 있는 체계를 갖추어야 하고, 적정단계의 필요환기량은 신축공동주택 등의 세대를 시간당 0.5회로 환기할 수 있는 풍량을 확보하여야 한다. ④ 기계환기설비는 신축공동주택 등의 모든 세대가 규정에 의한 환기횟수를 만족시킬 수 있도록 24시간 가동할 수 있어야 한다. ⑤ 기계환기설비는 주방 가스대 위의 공기배출장치, 화장실의 공기배출 송풍기 등 급속환기설비와 함께 설치할 수 있다. ⑥ 기계환기설비에서 발생하는 소음의 측정은 대표길이 1m(수직 또는 수평 하단)에서 측정하여 소음이 40dB 이하가 되어야 한다. ⑦ 외부에 면하는 공기흡입구와 배기구는 교차오염을 방지할 수 있도록 1.5m 이상의 이격거리를 확보하거나, 공기흡입구와 배기구의 방향이 서로 90° 이상 되는 위치에 설치되어야 하고, 화재 등 유사시 안전에 대비할 수 있는 구조와 성능이 확보되어야 한다.
실내공기질 측정항목	① 폼알데하이드　② 벤젠 ③ 톨루엔　　　　④ 에틸벤젠 ⑤ 자일렌　　　　⑥ 스티렌 ⑦ 라돈

⚡ **기출**

01 외부에 면하는 공기흡입구와 배기구는 교차오염을 방지할 수 있도록 (　)m 이상의 이격거리를 확보하거나, 공기흡입구와 배기구의 방향이 서로 (　)° 이상 되는 위치에 설치되어야 하고 화재 등 유사시 안전에 대비할 수 있는 구조와 성능이 확보되어야 한다. 　제25회

02 실내공기질 관리법령상 (　)세대 이상 신축공동주택의 실내공기질 측정항목에 해당되지 않는 것은? 　제28회

기출정답
01　1, 90
02　100

제10장 홈네트워크설비

기본서 p.462~472

제1절 홈네트워크설비의 기준 (빈출)

01 홈네트워크 용어

홈네트워크망	홈네트워크장비 및 홈네트워크사용기기를 연결하는 것	
	단지망	집중구내통신실에서 세대까지를 연결하는 망
	세대망	전유부분(각 세대 내)을 연결하는 망
홈네트워크장비	홈네트워크망을 통해 접속하는 장치	
	홈게이트웨이	전유부분에 설치되어 세대 내에서 사용되는 홈네트워크 사용기기들을 유무선 네트워크로 연결하고, 세대망과 단지망 혹은 통신사의 기간망을 상호 접속하는 장치
	세대단말기	세대 및 공용부의 다양한 설비의 기능 및 성능을 제어하고 확인할 수 있는 기기로, 사용자인터페이스를 제공하는 장치
	단지네트워크장비	세대 내 홈게이트웨이와 단지서버간의 통신 및 보안을 수행하는 장비로서, 백본(back-bone), 방화벽(fire wall), 워크그룹스위치 등 단지망을 구성하는 장비
	단지서버	홈네트워크설비를 총괄적으로 관리하며, 이로부터 발생하는 각종 데이터의 저장·관리·서비스를 제공하는 장비
홈네트워크사용기기	홈네트워크망에 접속하여 사용하는 장비	
	원격제어기기	주택 내부 및 외부에서 가스, 조명, 전기 및 난방, 출입 등을 원격으로 제어할 수 있는 기기
	원격검침시스템	주택 내부 및 외부에서 전력, 가스, 난방, 온수, 수도 등의 사용량 정보를 원격으로 검침하는 시스템
	감지기	화재, 가스누설, 주거침입 등 세대 내의 상황을 감지하는데 필요한 기기
	전자출입시스템	비밀번호나 출입카드 등 전자매체를 활용하여 주동 출입 및 지하주차장 출입을 관리하는 시스템
	차량출입시스템	단지에 출입하는 차량의 등록 여부를 확인하고 출입을 관리하는 시스템

⚡ 기출

01 홈네트워크망 중 ( )망은 집중구내통신실에서 세대까지를 연결하는 망이다.
_{제14회}

02 홈게이트웨이는 ( )부분에 설치할 수 있다.
_{제17회}

03 ( )는 세대 내 홈게이트웨이와 단지서버간의 통신 및 보안을 수행하는 장비이다.
_{제16회}

선생님 TIP

홈네트워크사용기기의 종류에 대한 학습이 필요하다.

기출정답

01 단지
02 전유
03 단지네트워크장비

	무인택배 시스템	물품배송자와 입주자간 직접대면 없이 택배화물, 등기우편물 등 배달물품을 주고받을 수 있는 시스템
	기타	그 밖에 영상정보처리기기, 전자경비시스템 등 홈네트워크망에 접속하여 설치되는 시스템 또는 장비
홈네트워크 설비 설치공간	홈네트워크설비가 위치하는 곳	
	세대 단자함	세대 내에 인입되는 통신선로, 방송공동수신설비 또는 홈네트워크설비 등의 배선을 효율적으로 분배·접속하기 위하여 이용자의 전유부분에 포함되어 실내공간에 설치되는 분배함
	통신배관실 (TPS실)	통신용 파이프샤프트 및 통신단자함을 설치하기 위한 공간
	집중구내 통신실 (MDF실)	국선·국선단자함 또는 국선배선반과 초고속통신망장비, 이동통신망장비 등 각종 구내통신선로설비 및 구내용 이동통신설비를 설치하기 위한 공간
	기타	그 밖에 방재실, 단지서버실, 단지네트워크센터 등 단지 내 홈네트워크설비를 설치하기 위한 공간

⚡ **기출**

01 ( )은 TPS실이라고 하며, 통신용 파이프샤프트 및 통신단자함을 설치하기 위한 공간을 말한다. 제25회

02 홈네트워크설비의 설치기준

홈 게이트웨이	세대단자함에 설치하거나 세대단말기에 포함하여 설치할 수 있다.
세대단말기	세대 내의 홈네트워크사용기기들과 단지서버간의 상호 연동이 가능한 기능을 갖추어 세대 및 공용부의 다양한 기기를 제어하고 확인할 수 있어야 한다.
단지 네트워크 장비	① 집중구내통신실 또는 통신배관실에 설치하여야 한다. ② 홈게이트웨이와 단지서버간 통신 및 보안을 수행할 수 있도록 설치하여야 한다.
단지서버	① 집중구내통신실 또는 방재실에 설치할 수 있다. ② 외부인의 조작을 막기 위한 잠금장치를 하여야 한다. ③ 상온·상습인 곳에 설치하여야 한다.
홈네트워크 사용기기	① 원격제어기기는 전원공급, 통신 등 이상상황에 대비하여 수동으로 조작할 수 있어야 한다. ② 원격검침시스템은 각 세대별 원격검침장치가 정전 등 운용시스템의 동작 불능시에도 계량이 가능해야 하며, 데이터값을 보존할 수 있도록 구성하여야 한다. ③ 가스감지기는 LNG인 경우에는 천장쪽에, LPG인 경우에는 바닥쪽에 설치하여야 한다.

⚡ **기출**

02 단지서버는 ( )인 곳에 설치하여야 한다. 제28회

03 가스감지기는 LNG인 경우에는 ( )쪽에, LPG인 경우에는 ( )쪽에 설치하여야 한다. 제24회

기출정답
01 통신배관실
02 상온·상습
03 천장, 바닥

	④ 동체감지기는 유효감지반경을 고려하여 설치하여야 한다. ⑤ 감지기에서 수집된 상황정보는 단지서버에 전송하여야 한다.
전자출입 시스템	① 지상의 주동 현관 및 지하주차장과 주동을 연결하는 출입구에 설치하여야 한다. ② 화재발생 등 비상시, 소방시스템과 연동되어 주동 현관과 지하주차장의 출입문을 수동으로 여닫을 수 있게 하여야 한다. ③ 강우를 고려하여 설계하거나 강우에 대비한 차단설비(날개벽, 차양 등)를 설치하여야 한다. ④ 접지단자는 프레임 내부에 설치하여야 한다.
무인택배 시스템	① 무인택배시스템은 휴대폰·이메일을 통한 문자서비스(SMS) 또는 세대단말기를 통한 알림서비스를 제공하는 제어부와 무인택배함으로 구성하여야 한다. ② 무인택배함의 설치수량은 소형주택의 경우 세대수의 약 10~15%, 중형주택 이상은 세대수의 15~20% 정도 설치할 것을 권장한다.
세대단자함	세대단자함은 '500mm×400mm×80mm(깊이)' 크기로 설치할 것을 권장한다.
통신배관실	① 통신배관실의 출입문은 폭 0.7m, 높이 1.8m 이상(문틀의 내측 치수)이어야 하며, 잠금장치를 설치하고, 관계자 외 출입통제 표시를 부착하여야 한다. ② 외부의 청소 등에 의한 먼지, 물 등이 들어오지 않도록 50mm 이상의 문턱을 설치하여야 한다. 다만, 차수판 또는 차수막을 설치하는 때에는 그러하지 아니하다.
집중구내 통신실	① 독립적인 출입구와 보안을 위한 잠금장치를 설치하여야 한다. ② 적정온도의 유지를 위한 냉방시설 또는 흡배기용 환풍기를 설치하여야 한다.

기출

01 전자출입시스템은 화재발생 등 비상시, 소방시스템과 연동되어 주동 현관과 지하주차장의 출입문을 (   )으로 여닫을 수 있게 하여야 한다. 제28회

02 중형주택 이상의 무인택배함 설치수량은 세대수의 (   )% 정도 설치할 것을 권장한다. 제24회

03 세대단자함은 (   )mm 크기로 설치할 것을 권장한다. 제21회

04 통신배관실의 출입문은 폭 (   )m, 높이 (   )m 이상의 문틀의 내측 치수이어야 한다. 제24회

03 홈네트워크설비의 기술기준 및 보안

연동 및 호환	① 홈게이트웨이는 단지서버와 상호 연동할 수 있어야 한다. ② 홈네트워크사용기기는 홈게이트웨이와 상호 연동할 수 있어야 하며, 각 기기간 호환성을 고려하여 설치하여야 한다.
유지·관리	홈네트워크사용기기의 예비부품은 5% 이상 5년간 확보할 것을 권장하며, 이 경우 규정에 따른 내구연한을 고려하여야 한다.
홈네트워크 보안	[보완요구사항] ① 데이터 기밀성, ② 데이터 무결성, ③ 인증, ④ 접근통제, ⑤ 전송데이터 보안

기출

05 홈네트워크사용기기의 예비부품은 내구연한을 고려하고, (   )% 이상 5년간 확보할 것을 권장한다. 제26회

기출정답

01 수동
02 15~20
03 500mm×400mm×80
04 0.7, 1.8
05 5

제2절 공동주택 자동제어설비

01 실별 온도조절장치

컨트롤 유닛	① 실별 온도조절장치의 홈네트워크와 실내온도조절기의 신호를 각각의 지정된 구동장치에 전달하여 실별 온도조절밸브를 작동시키는 것을 말한다. ② 벽체 부착형으로 실내온도조절기의 신호를 받아 자동으로 실별 온도조절밸브를 제어할 수 있어야 한다. ③ 하절기 등 비난방시는 전원을 차단할 수 있는 on/off 스위치가 내장되어야 한다. ④ 구동기의 작동상태를 육안으로 확인 가능하게 한다. ⑤ 입력전원은 교류(AC) 220V를 사용한다.
실내온도 조절기	① 실내온도조절기는 디지털방식으로 실내온도 및 설정온도가 액정으로 표시되어야 하고, 예약기능 및 동파방지기능이 있으며, 정전시에는 기존 설정온도가 기억되는 기능이 있어야 한다. ② 거실에 설치되는 온도조절기는 각 실의 온도조절기를 제어할 수 있는 기능이 있어야 한다.
지역난방 및 개별난방의 실별 온도조절 장치	① 온도감지기는 최저 5℃, 최고 28℃ 이상의 감지범위를 가져야 한다. ② **지역난방 실내온도조절기**: 실내온도조절기는 디지털방식으로 실내온도 및 설정온도가 액정으로 표시되어야 하고, 예약기능 및 동파방지기능 등이 내장된 제품 이상이어야 한다. ③ **개별난방 실내온도조절기**: 실내온도조절기는 디지털방식으로 다음과 같은 기능을 갖추어야 한다. 　㉠ **작동기능**: 거실용은 실내온도조절, 다른 방 실내온도조절, 외출·예약·타이머 기능과 난방 및 급탕 전용, 경고램프(에러표시코드 포함) 또는 경보음, 정지 등의 기능이 있어야 한다. 각 실용은 실내온도조절, 경고램프(에러표시코드 포함) 또는 경보음, 타이머 등의 기능이 있어야 한다. 　㉡ **표시기능**: 거실용은 난방, 급탕, 보일러 on/off 작동표시 및 저수위가 표시되고, 실내온도, 설정온도, 외출·예약·타이머 등은 액정으로 표시되어 야간에도 식별이 가능하게 한다. 각 실용은 난방 및 보일러 on/off 작동이 표시되고, 실내온도, 설정온도 등은 액정으로 표시되어야 한다.

선생님 TIP

아직은 출제되지 않은 부분이지만, 홈네트워크와 연관되어 있기 때문에 출제가 예상되는 내용이다.

02 열량계와 유량계

열량계	① 용도: 난방 중온형 ② 원격지시부 열량표시 단위: kWh ③ 전원: 축전지 사용
유량계	① 유량부: 계량에 관한 법률에 의하여 품질시험 공인기관의 검정을 필한 제품 ② 원격지시부 유량표시 　㉠ 단위: m^3 　㉡ 최소눈금: 100L(0.1m^3) 이하

선생님 TIP

열량계의 단위와 유량계의 단위를 구분학습한다.

해커스 주택관리사

주택관리사 **1위 해커스**
한경비즈니스 선정 2020 한국품질만족도 교육(온·오프라인 주택관리사) 부문 1위 해커스

해커스 합격 선배들의 생생한 합격 후기!

전국 최고 점수로 8개월 초단기합격
해커스 커리큘럼을 똑같이 따라가면 자동으로 반복학습을 하게 되는데요. 그러면서 자신의 부족함을 캐치하고 보완할 수 있었습니다. 또한 해커스 무료 모의고사로 실전 경험을 쌓는 것이 많은 도움이 되었습니다.

전국 수석합격생
최*석 님

해커스는 교재가 **단원별로 핵심 요약정리**가 참 잘되어 있습니다. 또한 커리큘럼도 매우 좋았고, 교수님들의 강의가 제가 생각할 때는 **국보급 강의**였습니다. 교수님들이 시키는 대로, 강의가 진행되는 대로만 공부했더니 고득점이 나왔습니다. 한 2~3개월 정도만 들어보면, 여러분들도 충분히 고득점을 맞을 수 있는 실력을 갖추게 될 거라고 판단됩니다.

해커스 합격생
권*섭 님

해커스는 주택관리사 커리큘럼이 되게 잘 되어있습니다. 저같이 처음 공부하시는 분들도 입문과정, 기본과정, 심화과정, 모의고사, 마무리 특강까지 이렇게 최소 5회독 반복하시면 처음에 몰랐던 것도 알 수 있을 것입니다. 모의고사와 기출문제 풀이가 도움이 많이 되었는데, **실전 모의고사를 실제 시험 보듯이 시간을 맞춰 연습하니 실전에서 도움이 많이 되었습니다.**

해커스 합격생
전*미 님

해커스 주택관리사가 **기본 강의와 교재가 매우 잘되어 있다고 생각**했습니다. 가장 좋았던 점은 가장 기본인 기본서를 뽑고 싶습니다. 다른 학원의 기본서는 너무 어렵고 복잡했는데, 그런 부분을 다 빼고 **엑기스만 들어있어 좋았고** 교수님의 강의를 충실히 따라가니 공부하는 데 큰 어려움이 없었습니다.

해커스 합격생
김*수 님

1588.2332

house.Hackers.com

해커스 주택관리사

주택관리사 1위 해커스
한경비즈니스 선정 2020 한국품질만족도 교육(온·오프라인 주택관리사) 부문 1위 해커스

해커스 주택관리사
100% 환급 + 평생수강반

합격할 때까지 최신강의 평생 무제한 수강!

2026년까지 최종 합격하면 수강료 100% 환급

* 최종합격+수기 작성시, 제세공과금 본인부담, 교재비 환급대상 제외, 유의사항 필독

최신인강 평생 무제한 수강

* 매년 연장 미션 성공 시 1년씩 연장

최신 교재 22권 모두 제공!

기출문제집 특별 추가제공!

> 저는 해커스를 통해 공인중개사와 주택관리사 모두 합격했습니다.
> 해커스 환급반을 통해 공인중개사 합격 후 환급받았고,
> 환급받은 돈으로 해커스 주택관리사 공부를 시작해서
> 또 한번 합격할 수 있었습니다.
>
> **해커스 합격생 박*후 님**

지금 등록 시
수강료 파격 지원

최신 교재 받고
합격할 때까지 최신인강
평생 무제한 수강 ▶

*상품 구성 및 혜택은 추후 변동 가능성 있습니다. 상품에 대한 자세한 정보는 이벤트 페이지에서 확인하실 수 있습니다.

1588.2332　　　　house.Hackers.com